安積陽子

JN177577

NYとワシントンのアメリカ人がクスリと笑う日本人の洋服と仕草

講談社＋α新書

はじめに——世界で顰蹙を買う、あの日本人？

これまで世界中を旅してきて、私は日本ほど豊かで成熟した国はないと思っています。インフラが非常に整っていて、街中どこへ行っても安全かつ衛生的。こんな恵まれた国に生まれてきたことに感謝する一方で、しかし強い危機感も覚えています。

それは、社会が同質的で、個々の事情をいちいち主張しなくてもある程度分かり合える文化に浸《つ》かり過ぎるがゆえに、いざ熾烈《しれつ》な国際競争の場へ放り込まれたとき、力を発揮できずに脱落してしまう人が多いのではないかということです。

外国語が話せなくても、同質社会のなかでは生きていくことはできます。しかし、グローバル化が急速に進むなか、今後、国内だけで完結するビジネスや生活はほとんどなくなっていくでしょう。私たち人間も同じ。死ぬまで日本人とだけしか付き合わない、そんな生き方はできなくなっていきます。

私は非言語コミュニケーションのエキスパートとして、これまでアメリカのニューヨーク

（ＮＹ）や首都のワシントンＤＣで、装いや立ち居振る舞いについて指導するイメージコンサルティングを行ってきました。そのなかで、日本では優秀で煌《きら》びやかな経歴を持っているのに、海外へ出た途端に「部下がついてこない」「実力を認めてもらえない」「良い人脈が築けない」と自信をなくす方々と数多く対面してきました。このような悩みを持つクライアントさんたちの課題は同じ。素晴らしい人柄や実績があるのに、それが「見た目」や「話し方」からぜんぜん伝わってこないことです。

海外で行われる学会やビジネス、パーティなどで日本人の姿を観察していると、「存在感」のある人は非常に限られています。内面と外面とが一致したときに現れる特有のオーラや自信、思わず話しかけたくなるような華やかさ、「この人は何だか違うぞ」と思わせる自己演出……それらが身に付いている人は、非常に稀《まれ》です。

さまざまな人種が入り交じる海外では、一目で自分の価値が最大限に伝わる自己プレゼンテーション力が求められます。しかし服装に関しては、「洋服後進国」の日本人は、戦略的に「装い」を使って人を感心させるのが苦手です。身振り手振りや表情といったボディランゲージを効果的に使って自分を魅力的に演出することも、得意なほうではありません。

おそらくその理由は、日本人の「装い」「立ち居振る舞い」ということに対する意識が、欧米人と比べると低いことにあります。加えて、欧米のエリートや上層階級に属する人々が、何を見て、人のバックグラウンドや教養、あるいはビジネスセンスを推し量っているのか、それを分かっている日本人が少ないということも挙げられるでしょう。

国際社会のなかで、プロフェッショナルとして正当に評価されたいならば、まずは世界に存在する「装い」や「振る舞い」についてのルールを知り、そのルールに従って装い、振る舞うことが大切です。

日本では当然のことが、海外ではそうではないということも、多々存在します。たとえば日本にはクールビズという制度がありますが、この制度は日本独自のものです。それを知らずに海外でもクールビズで装っていると、相手への配慮を欠いていると捉えられ、最初の段階で信頼を失うこともあります。

また日本では、手を身体の前で組むことは礼儀正しさの一つですが、ほかの国々ではこの仕草から、その人が「卑屈で自信のない人間」と捉えられることもあります。国内では当たり前のルールが海外では通じない、そんなことが意外とたくさんあるのです。

日本人も自分自身の見せ方において、国際的な感覚が求められる時代が訪れました。二〇二〇年には東京オリンピック・パラリンピックも控えており、日本は今後、ますますグローバル化の波に呑み込まれていくでしょう。「自分は海外とのつながりが薄いので関係がない」ともいっていられません。たとえいまは外国人とのビジネスやコミュニケーションを行う機会がないとしても、いつその必要性が出てくるか分かりません。

たとえば日産自動車、マツダ、三菱自動車、ソニー、武田薬品工業、タカラトミーなどのトップが海外から呼び寄せられたように、ある日突然、自分の会社のトップが外国人になることだってあり得ます。国内の企業に就職しても、外国人が同僚になることもあるでしょうし、仕事の舞台がいきなりグローバルなステージになることも考えられます。

人の行動や「振る舞い」には、その人本来の性格や癖が表れます。「装い」も、幼少期から蓄積されてきた価値観に大きく影響されます。これを変えることは簡単ではありません。ましてや馴染《なじ》みのないルールを身に付けることは一朝一夕《いっちょういっせき》にはできないでしょう。

しかしグローバル化は、もはや避けられるものではありません。ですから、この変革の荒波をうまく乗り切って生きていくためにも、世界中のどこへ行っても通用する「装い」や「振る舞い」のルールについて、いまから学んでおくべきなのです。

この本では、「装い」や「振る舞い」、それに伴う「仕草」について、私がアメリカなどで経験し、学んできたことをお話しして、ビジネスや外国人とのコミュニケーションで恥をかかないために必要なことや、踏まえるべきルールについてお伝えしていきます。

さらには政治家の「装い」や外交の場における「振る舞い」「仕草」についても、具体的に触れていこうと思います。世界で尊敬されるファッショナブルな政治家は誰か？　逆に、日本のあの人は、なぜ世界で顰蹙《ひんしゅく》を買っているのか？　など、少々辛辣《しんらつ》な意見も述べていきたいと思っています。

そして、こうしたお話を通じ、世界の上層階級の人なら誰もが身に付けている「装い」や「振る舞い」についての約束事が、皆さんにお伝えできればと思っています。

目次◉ＮＹとワシントンのアメリカ人がクスリと笑う日本人の洋服と仕草

第一章　「装い」で分かる教養とステイタス

第二章 なぜ日本人の洋服は笑われるのか

第三章　政治家の変な着こなしの数々

第四章　欧米と日本の女性「装い」の大違い

第六章　国際基準の自己演出術

第一章　「装い」で分かる教養とステイタス

「服装は嘘をつかない」

人口の多くが同質の人々で構成される日本とは異なり、欧米諸国では、さまざまな文化的背景を持つ人々によって社会が成り立っています。お互いの文化や価値観が異なれば、思わぬところでコミュニケーションにトラブルが生ずることがあります。それを防ぎ、円滑にビジネスや外交などを行うため、世界ではさまざまなプロトコール（約束事）が作られてきました。なかには特定の価値観を持つ人間同士で通じる「暗黙のルール」となっているものもあります。ここではまず、「装い」の持つルールからお話ししていきましょう。

欧米人のコミュニケーションというと、英語を駆使し、身振りや手振りを伴った会話を思い浮かべる人が多いでしょう。しかし会話以上に重要なものがあります。階級社会が根強く残る欧米文化圏においては、会話をする以前に、人はまず、相手の「装い」を見ているのです。

「装い」は、その人の立場や経済力などを示す記号のようなものです。単にセンスの良し悪《あ》しを示すだけではなく、「装い」には、その人のなかに蓄積されてきた過去の経験や教養の深さが端的に表れます。欧米のイメージコンサルタントは「服装は嘘をつかない」というフレーズをよく使いますが、人のスタイルというのは一朝一夕に確立されるものではないからこそ、着る人の本質が表れるのです。

日本よりも洋服の歴史がはるかに長いヨーロッパでは、一八〜一九世紀に起きた産業革命や市民革命を機に、従来の厳格な身分制度が崩壊しました。しかし人々のあいだには、「装い」によって「自分は何者であるか」を示すスタイルが根強く残っています。

日本にもかつては身分制度があり、聖徳太子の時代の服装規定など、服によって自らの身分を明らかにする時代もありました。しかし現代の日本は、「装い」であからさまに自分の立場を示すことは、あまり良いことだとみなされていません。

一方、欧米の人たちにとって「装い」は、いまだに自分のルーツとなる文化や伝統、あるいは家柄を示すものであり、価値観や経済力などを如実《にょじつ》に示す記号なのです。特にヨーロッパの上層階級の人々は、自らの地位、経済力、品格などを、現在でもさりげなく、「装い」によって示し続けています。彼らにとって「装い」とは、まさにその人のアイデンティティなのだと理解したほうが良いでしょう。

厳格な身分制度がなくなれば、自分の力で社会的地位や権力を得る人も現れます。彼らは出自に関係なく、自分の価値を明確に他者へ伝えるため、かつての貴族たちが使っていた、洗練された「装い」「話し方」「振る舞い」を一つの記号として利用するようになります。

上層階級に属したいならば、そのコミュニティに属する人々が尊ぶ文化を尊重する姿勢が大切です。そこで引き継がれてきた伝統を大切にしながら、ふさわしい出《い》で立《た》ちで、ふさわしく振る舞える教養とセンス、それらを見せつけることで、「私はあなた方と同じ価値観を共有していますよ」「あなた方と同等の教養を兼ね備えていますよ」というメッセージを発信するのです。

この種のメッセージは、送り手と受け手の知識の共有があってこそ、初めて成り立つ高度なコミュニケーションなのです。

自分の立場に合わせて自分を見せる技術と、ほかの人々が発信する記号を読み取る能力――国際社会では、この二つの能力が必要なのです。

私がニューヨークやワシントンで出会った数多くのエリートたちに、「パーティや学会などで出会う初対面の人物の人となりや能力を、どこを見て判断しますか？」と尋ねたところ、彼らはまず、初対面の人の「後ろ姿」からチェックするといいます。そのときのポイントは二つです。

①スーツの背中のラインが、S字曲線を描いているか？
②シャツの襟《えり》が首から離れていないか？

この二つを見ただけで、だいたい、その人物の経済力や意識の高さが分かるというのです。

その人のために仕立てられたスーツというのは、背中を見ると、背骨の曲面に合わせて美しいアーチができ上がっています。世界各国の首相や大統領の姿を横から見れば、誰もが背骨に沿って美しいS字曲線を描くスーツを着ていることに気づくでしょう。この曲線は、きちんと寸法をとって自分の身体に合ったスーツを選んだことの証《あか》しなのです。

つまりこのポイントを見れば、その人がスーツを仕立てる必要のある立場にあり、なおかつスーツを仕立てる経済力を持っている人物なのかどうかが分かる、ということです。

一方で、肩からヒップにかけてストーンと直線的に落ちるスーツを着たり、背中にたくさんのシワができてしまうようなスーツを着ている人は、身体にフィットしていない既製服を着ている、ということが分かります。たとえ既製服であっても、一〇着以上のスーツに袖《そで》を通して着比べれば、まったくシワができないとまではいかなくとも、限りなくそれに近いものは選べるはずです。

しかし、そんな努力を窺《うかが》い知ることができない類いのスーツを着ている人は、そもそも正しいスーツとは何かということを知らない、または自分が装うものに対して真剣に向き合っていないという「人となり」を露呈しています。

見られているのは、背中のラインだけではありません。首回りも、実はチェックされるポイント。見られているのは、首とシャツの密着度です。何のこだわりもなく既製のシャツを着ている人は、シャツが首から離れていたり、スーツからシャツの袖《そで》がまったく出ていなかったりします。

一方で、自分のサイズにぴったりと合ったシャツを身に着けている人は、シャツが首に吸い付くようにフィットしており、それでも首元が苦しそうには見えません。また袖口に目をやると、スーツからシャツが一センチほど出ています。たかが一センチ程度の露出ではありますが、シャツが袖口から出ているかどうかも、基本の着こなしが分かっているかどうかの目安となります。

私たちはついつい、鏡で確認しやすい正面ばかりに気を取られてしまいますが、実は目の行き届かないところにこそ、その人の価値観や性格が表れるものです。

欧米の上層階級では、高級な時計や靴を身に着けているだけでは認められません。スーツが身体にフィットせず、縦ジワや横ジワが背中に多数できていたり、首回りに隙間《すきま》が見えたりする人は、着こなしの基本中の基本を理解していないということで、残念ながら「不合格」の烙印《らくいん》を押されてしまうのです。

以前、とある中国資本の企業が主催するパーティで、若き成功者らが高級腕時計を見せびらかし合っている姿を見かけました。いずれも中国の若手経営者のようでしたが、残念だったのは、彼らがみな、奇抜《きばつ》でルールを無視した格好をしていたことです。他の参加者からは、明らかに距離を置かれていました。

着こなしから人格や教養を測るような人たちの前では、服装や装飾品にお金をかけていても着こなしはめちゃくちゃだという人が、最も軽蔑《けいべつ》されます。経済力があっても、その「装い」や「振る舞い」に品格が欠けている人は、その差が大きければ大きいほど、評価は落ちていくのです。

もともとスタイルに関心の低い人は、いざというときに、あからさまなブランドのアイテムを身に着けたり、正面からの見栄《みば》えに気を取られたりしがちです。しかし、いちばん見られているのは、実は自分では最も確認しづらい「後ろ姿」と「横から見たときの姿」です。スーツに付けられたタグでも、靴でも、時計でもありません。これは、ぜひ覚えておいてください。

中身は確実に外見に表れる

見た目から人を判断することは、欧米人に限らず、日本人も同じです。しかし、その判断項目が多岐にわたり、判定基準が厳しい――これが欧米社会の特徴です。

服は階層に関係なく誰もが着るもの。しかし、服装に対する関心や知識の深さを、形として表すことができるのが、上層階級の人々の特徴です。

先ほど、欧米のエリートは背中をよく見ていると書きましたが、その他にも、ネクタイの結び目のフォルムや、ポケットチーフの形、あるいは靴の磨き方なども、よく見られているポイントです。それらを見れば、その人は装い方をどれだけ理解しているのか、その人にとって洋服や靴とはどの程度の存在なのか、それらを簡単に知ることができます。

日本人のなかには、シャツにネクタイ、そしてスーツを合わせ、時計を着けて革靴を履《は》いていれば、とりあえずOKと考える人もいるようです。しかし欧米のエリートたちは、服の着こなしから、品格の主体が人にあるのか服にあるのか、「装い」からその人の哲学が感じられるか、それらをすぐに見破ります。

私がニューヨークやワシントンにいたとき、企業研修の一環で、さまざまなコンサルティングファームや弁護士事務所などを訪れました。そこで認識したのは、着こなしの洗練度は、まさに、その人の社会的立場と比例していくということです。そして、立場が上がれば上がるほど、信頼や重きを置かれるのに最適な、クラシックな「装い」になる傾向があることを発見しました。

というのも、人種のるつぼであるニューヨークやワシントンでは、まずは見た目で信頼されなければ話が始まりません。信頼されるためには、不特定多数の人たちから支持されるスタイルが必要です。ですから、誰から見てもきちんとして見える堅実なクラシックなスタイルが採用されるのでしょう。

日本でも昨今、自分が置かれた立場や役割に合わせて、外見や服装を意図的に変えていくことの重要性が徐々に認識され始めてきました。しかし、このような話を講演会ですると、年配の方々のなかには、いまだに「外見よりもまずは中身こそが大事だ」と説く人がいます。

もちろん本来の人間関係では、見た目などに惑わされずに、お互いの中身や本質をじっくりと理解し合っていくことこそが理想です。しかし、生き馬の目を抜く国際ビジネスや外交の場では、時間をかけて互いに理解し合うというのでは、非効率に過ぎます。

「外見はその人自身を表す」というのは、ベストセラーのタイトルではありませんが、もはや世界の共通認識だと思います。京セラ創業者の稲盛和夫《いなもりかずお》氏も、「外見は、その人のいちばん外側にある中身」だと述べています。国際競争を戦い抜いてきた日本のリーダーもやはり、「奥深い内面があれば、当然、それは外見にも表れていなければならない」と考えているようです。

「装い」は着る人が自ら選ぶものであり、その人の価値観が如実に表れます。人の内面が露《あら》わになる外見への気遣いを怠っている人はスタート地点にすら立つこともできない、というのが、現代の国際社会の現実なのです。

ドレスコードは世界共通ゆえに

高度な教育を受け、激しい競争の世界で生き抜くエリート・ビジネスパーソンたちは、自分たちが社会で揉《も》まれながら身に付けてきた、言葉にされない「不文律のルール」を相手がどれだけ心得ているかを見て、自分と対等な立場に立てる人物か否《いな》かを判断します。

ですから、国際ビジネスや外交の場で大切なのは、マナーブックなどに書かれているルールを遵守《じゅんしゅ》するだけではなく、この「不文律のルール」を理解するということなのです。

たとえば立場のある人々が、こぞって同じような色や素材のネクタイをしているのであれば、それはその場において「不文律のルール」がある、ということ。外交や国際ビジネスでは、「装い」や「振る舞い」に関して、数多くの不文律のルールが存在しているのが現実だということを知っておいてください。

しかし、その不文律のルールを知ることは簡単ではありません。そのためにはまず、基本ルールを頭に入れておくことが大切です。基本を理解し、基本に忠実なスタイルで、パーティなどさまざまな場に参加する、基本どおりに振る舞ってみるのです。

そのうえで、周りの人をきちんと観察する。どのように装い、どう振る舞っているか、基本に沿っているか、外れているか、外しているとしたらそれは意図的なのか無知から来るものなのか……それらを考えてみるのです。こうした経験を積み重ねていくことで判断の精度が上がり、いつしか不文律のルールを身に付けることができます。

たとえばドレスコードは世界共通ですので、一度きちんと覚えてしまえば、いつどのような場所に呼ばれても対応できるでしょう。ドレスコードを理解していない人に気づくこともできるようになります。ドレスコードを堅守しながらも、粋《いき》な着こなしをしている人を見かければ、何をどのように工夫《くふう》しているのかに目が行くようになるでしょう。

逆に、「装い」のルールをきちんと知ろうとせず曖昧《あいまい》なままにしておくと、自分の何が間違っているのか、それに気づくことはできません。すると、いつも自分の服装に自信が持てず、周りからどう見られているのだろうかと、不安も付きまといます。

現在の日本は、ちょっと街に出れば、多くの洋服で溢れています。そんな物に溢れた日本で最も必要なことは、洋服を正しく着こなすスキルです。そしてスキルを磨くためには、まず世界共通のルールを知ることが大切になります。特に、これから世界で活躍したいと考えている若い人たちには、できるだけ早い段階で、この世界共通のルールを学んでほしいと思います。

何百年も受け継がれてきた伝統やプロトコールを重んじる上層階級の人々は、流行や勝手なアレンジ、あるいは多様性に対しては、日本ほど寛容ではありません。しかし、伝統を堅守し過ぎて個性のない人も、同様に、つまらない人だと判断されてしまいます。

最低限のルールは守りつつ、どこか隙《すき》を作ったり、遊び心を加えたりする知恵や余裕――これらを身に付けるには、数多くの場でさまざまな人を見て、経験値を高めていくしかないでしょう。

そうして経験値が高まるにつれ、不文律のルールが分かってきます。「どこまで個性を出したら許されるのか」という微妙なさじ加減を心得て、余裕を持って自分を演出できる人は、世界中どこへ行っても、間違いなく魅力的に映るでしょう。

洋装を進めた西郷隆盛の真意

ところで日本人は、そもそも洋服と、どのように向き合ってきたのでしょうか？　それを考えるために、鎖国をしていた江戸時代から日本が洋装を導入した明治時代、そして現代までを振り返ってみたいと思います。

江戸時代初期から、日本は、二一五年ものあいだ鎖国を続けてきましたが、一八五三（嘉《か》永《えい》六）年、アメリカのマシュー・ペリーが神奈川県の三浦半島に来航。日本に対して開国を迫ります。一八五八（安政《あんせい》五）年、日米修好通商条約が結ばれると、各地の港が開かれ、西洋の文化が一斉に流入し始めます。当然、この時期に洋服も流入し、主に外国人と交渉する立場の人たちが洋装を始めます。

当時の洋服は非常に高価で、庶民に手が届くものではありませんでした。そこで庶民が見よう見まねで洋服を作り出したので、いびつで中途半端な洋服が数多く出回ることになりました。

留学先のイギリスから帰ってきた福沢諭吉《ふくざわゆきち》は、この状況を見かねて、一八六七（慶応三）年、片山淳之助《かたやまじゅんのすけ》というペンネームで『西洋衣食住』という本を発行します。そこで日本人の洋装はあまりにも無頓着だと指摘をしつつ、西洋の服を詳細に、世の中に広めようとしました。

片山淳之助が『西洋衣食住』を出したのは、政府が洋服の着用を公式に許可する前でした。にもかかわらず洋装を広める趣旨の本を出したということは、長くイギリスで生活していた福沢諭吉にとって、洋服の本来の魅力や役割が正しく伝わっていないのが、なんとも歯がゆかったからでしょう。そして、おかしな着こなしをしている日本人を見て、居ても立ってもいられなかったからなのかもしれません。

江戸幕府が崩壊し、明治政府がスタートした一八六八（明治元）年頃から、西郷隆盛《さいごうたかもり》、岩《いわ》倉具視《くらともみ》、三条実美《さんじょうさねとみ》をはじめ、明治維新を成し遂げた政府の重鎮《じゅうちん》らが集まって、今後の日本の服装について議論を交わします。日本の伝統服である和装を支持する人も多いなか、西洋列強国とこれから互角に向き合うためには、彼らと同じ服装が必要だと考える副島種臣《そえじまたねおみ》の意見を強く支持する西郷の熱意に押され、洋服の採用が決まります。

そうして一八七一（明治四）年、明治天皇が「服制を更《あらた》め、その風俗を一新し、……尚《しょう》武《ぶ》の国体を立て」る旨《むね》の勅諭《ちょくゆ》を発し、洋装を採用しました。続く一八七二（明治五）年、政府は太政官《だじょうかん》布告を発令、軍服だけでなく太政官の制服にも洋服を採用し、礼服をすべて洋服にするという指針を定めました。

これによって洋装を取り入れたのは、政治家や官僚、軍隊や警察など、政府直轄の仕事に携わっていた男性たちです。政府から強制されるかたちでしたが、洋服は職業服として優れた機能性を持っていたことから、男性のあいだで洋装化は急速に進みました。

一方、女性が初めて洋服を着たのは鹿鳴館《ろくめいかん》時代です。一八八七（明治二〇）年に明治天皇の皇后が「洋装奨励思召書」を出し、女性に洋服の着用を推奨し始めました。そこで鹿鳴館に出入りしていた上層階級の婦人たちが洋装を始めます。

このとき、日本女性の洋装化に反対する西洋人も現れました。鹿鳴館に頻繁に出入りしていたドイツ人医師のエルヴィン・フォン・ベルツもその一人であり、彼は日本人女性の洋装化に強く反対します。ベルツは、宮中で洋式の服装が採用されたときに、「日本人女性が身に着けるコルセットは非衛生的である。また、女性の健康に害を与える」という旨を伊藤博《いとうひろ》文《ぶみ》に提言しています。

しかし伊藤博文は、どれだけ批判の声が上がろうとも、方針を変えることはありませんでした。日本が国際社会に仲間入りするためには、「装い」のレベルを合わせることも重要だと痛感していたのでしょう。自分たちが好むと好まざるとにかかわらず、西洋人の基準を考慮に入れずして、西洋列強と対等な立場に立つことはできないと、伊藤博文は考えていたのだと思います。

一九一二（大正元）年、大正期に入ってからは、一般の女性も社会に進出するようになります。女性がバスの車掌《しゃしょう》やタイピストなどの仕事に就き出し、彼女ら職業婦人も洋服を取り入れ始めました。大正文化が花開くなか、子供や女性のあいだでも、洋装姿が少しずつ見られるようになっていきます。

またこの時代、大学卒で民間企業に勤める、背広にネクタイ姿の男性労働者を指す言葉として、「サラリーマン」という言葉が誕生しました。この時代のサラリーマンは、公の場ではスーツにネクタイを着用するのが当たり前になっていきましたが、多くの人は、ひとたび家に帰ると和服に着替えました。『サザエさん』に出てくる波平《なみへい》さんを思い浮かべていただければ、イメージが湧きやすいかと思います。

一九二三（大正一二）年に関東大震災が発生し、和装の女性の被害が目立ったことが指摘されます。昭和に入り、一九三二（昭和七）年には日本橋にあった白木屋《しろきや》百貨店で大火災が発生し、和服を着用していた女性が逃げ遅れて多数が死亡しました。なぜなら和装の女性は腰巻き姿で現代のような下着を着けていなかったので、下方からの救助者や野次馬《やじうま》の目を気にして、避難に際し躊躇《ちゅうちょ》があったからだというのです。その結果なのか、デパート店員の洋装化は一気に広がりました。

こうして一度は広がり始めた洋装化でしたが、一九四一（昭和一六）年に太平洋戦争が始まると、この流れは一気にしぼんでいきます。大戦中は物資の困窮《こんきゅう》に伴い衣服の統制がスタートし、男性はカーキ色の国民服を着て、女性は着物をリメイクしたモンペを穿《は》いて生活するようになりました。

そして、一九四五（昭和二〇）年の敗戦で、日本人の服装は再び変わります。占領政策を担った連合国軍最高司令官総司令部（ＧＨＱ）のアメリカ人らが古着を流通させ始めたことで、日本人は再び洋服を着始めました。これによって日本人の洋装化は本格化し、国民の隅々にまで行き渡るようになりました。

欅坂46のナチス軍服で分かること

日本人の洋装化の歴史について、背景とともに簡単に振り返ってみましたが、日本人の服装は、文明的な変革、社会的な変革、そして政治的な変革と深く絡み合いながら、徐々に変化を遂げていったことが分かります。

ただ、ここで一つ指摘しておきたいのは、洋服が一般市民の生活に導入されるときに、洋服に関する「教養」が一緒に広まることはなかったという点です。洋服を取り入れる際、重視されたのは「着心地」「見栄《みば》え」「利便性」でした。その「装い」が生まれた歴史的な背景や、色やデザインがどのような伝統を持って生まれたのかといった知識は、抜け落ちてしまったのです。

これは日本人の洋装化が、政府から押し付けられるかたちで始まったこと、さらには時代の波に揉まれながら、わずか一〇〇年ほどの短い時間で一気に進んでしまったことも理由に挙げられるでしょう。

「自分とは何者か」――そのアイデンティティを示すために主体的に服装を選び、その文化を何世紀にもわたり熟成させてきた欧米人と日本人とでは、洋服に対する理解の深さや意識がまるで違うのです。

洋装に対する理解の浅さは、現在でもさまざまな事件を引き起こしています。

Japanese band sparks anger with Nazi-style Halloween costumes

Popular girl band Keyakizaka46 performs in outfits modelled on uniforms of Waffen-SS officers

「ザ・ガーディアン」インターネット版の記事より

たとえば二〇一六（平成二八）年、アイドルグループである欅坂《けやきざか》46《フォーティーシックス》が、ハロウィーンのライブで、ナチスの軍服を連想させる衣装を着てステージに立ちました。国内ではさほどニュースになりませんでしたが、このイベントの様子は、イギリスの高級紙「ザ・ガーディアン」や大衆紙「デーリー・ミラー」に大々的に取り上げられ、世界中から「常識に欠ける」と非難を浴びました（過去に、氣志團《きしだん》や沢田研二《さわだけんじ》さんも、ナチスを彷《ほう》彿《ふつ》とさせる衣装をステージで着用しています）。

　ナチスを連想させるものを身にまとうことは、欧米ではもちろん世界中で、タブーになっているといってもいいでしょう。日本国内では、「かわいいから、いいじゃないか」「所《しょ》詮《せん》アイドルの衣装なのだから、そんなに目くじらを立てなくても」という声が大多数でしたが、このように服装というものを軽く扱えば扱うほど、世界から見ると、日本の文化はその程度のものかと思われてしまうのです。

ワンピースは海外で通じるのか

さて明治時代に入り、学問、政治、経済、芸術の分野で西洋文化の影響を受け始めると、日本にはさまざまな英語が入ってきました。その際、正しく伝わらなかった英語は、日本独自の音を伴いながら、和製英語として人々に広まります。和製英語は、本来とは異なる意味で解釈されることも多々ありました。

そうした服飾に関する和製英語の例を挙げれば、オーダーメイド、ワンピース、ノースリーブ、パーカー、スウェット、トレーナー、チャック、スパッツ、ヘアバンド、カフスボタン……などが挙げられます。これらは、すべて日本でのみ通じる単語です。

たとえば「オーダーメイドでスーツを作りたいのです」といっても、欧米の人には通じないでしょう。仕立屋に採寸・型取り・縫製をしてもらいオリジナルのスーツを作るという意味では、カスタムスーツやテイラードスーツという言葉を使わなくてはなりません。既製服はレディ・メイドやレディ・トゥ・ウェアです。

また、私たちが横線柄を指し示す際に使うボーダーという言葉は、英語ではストライプといいます。縦のラインはヴァーティカルストライプ、横のラインはホリゾンタルラインと呼びます。ボーダーの服というと、洋服の境界線といった、訳《わけ》の分からない意味になってしまいます。

また日本人がワンピースと呼ぶものは、一般的にドレスと呼びます。日本ではドレスというと、フォーマルな装いをイメージしがちですが、欧米でドレスといえば、カジュアルなものもフォーマルなものも一括《ひとくく》りにドレスと呼びます。

他にも、日本でアタッシュケースと呼ばれる、薄くて四角いトランク型のバッグは、正式には「アタッシェケース」といいます。日本に導入された際に、聞き間違えられた音のほうが定着したのでしょうか。いまやアタッシュと呼ぶのが普通で、ネットで検索する際にもアタッシュケースと打ち込んだほうがより多くの情報が出てきます。

しかし本来は、大使館員を意味する「アタッシェ」から来ている言葉で、重厚感のある高級なものは、欧米ではエリートたちに好まれています。かっちりとしたスタイルのスーツに似合うものなので、カジュアルな服装でアタッシェケースを抱えていると、強い違和感を与えます。

細かい話になってしまいましたが、和製英語はまだまだほかにも存在します。

たとえば、当たり前のように使われているワイシャツという言葉は、明治末期に広まったホワイトシャツという言葉がなまって生まれた日本独自の名称です。それがいまや、色物のシャツや柄の入ったシャツも、ワイシャツと呼ばれています。クリーニング店に行けば、ストライプのシャツも色物のシャツもすべてワイシャツで一括り。洋服のプロであるショップの店員さんでさえ水色のワイシャツ、グレーのワイシャツなどと呼ぶのですから……。

また、カッターシャツという言葉も和製英語で、国外では通じません。ビジネスシーンやパーティで用いられる襟《えり》の付いたシャツは本来「ドレスシャツ」と呼びますので、ぜひ覚えてください。

身頃《みごろ》と襟の色が異なるクレリックシャツと呼ばれるシャツも、最近、若い人たちを中心に人気が出てきましたが、これも和製英語です。本来は「コントラスト・カラード・シャツ」と呼びます。

また、胸元に華やかさをプラスしたり、清潔感を出したりするのに効果的なポケットチーフですが、これはもともと「ポケットに入れるハンカチーフ＝ポケットハンカイーフ」が短縮されてできた和製英語で、アメリカでは主に「ポケットスクエア」と呼びます。日本人がよく訪れるお店でない限り、海外のお店で買い物をする際、ポケットチーフといっても通じないことのほうが多いでしょう。

ポケットスクエアには、シルク、ウール、ナイロンなどさまざまな素材のものがありますが、最もフォーマルで、幅広い場面で使えるのは、白のリネン素材のポケットスクエアです。装いを簡単にドレスアップできる便利なアイテムですので、一枚は持っておくと便利です。

このいわゆるポケットチーフは、日本では結婚式やパーティなど慶事《けいじ》に身に着けるもので、お葬式など弔事《ちょうじ》ではタブーだとされています。ファッション雑誌や着こなしのハウツー本でもこのように紹介されており、「お葬式にポケットチーフを着けるのは非常識」と思っている人が多いかもしれません。正しい使われ方が共有されていない現在の日本では、使用は控えたほうが無難なのかもしれませんが、実はプロトコールでは、ポケットチーフは慶事・弔事の両方で使うことが許されています。

たとえば、イギリスのダイアナ王妃が亡くなったあとの葬儀では、チャールズ皇太子をはじめ、ウィリアム王子、ヘンリー王子が、黒や濃紺のチーフを挿して参列していました。ただしその折り方は、ポケットチーフの端が五ミリほど出る控えめなTVフォールドと呼ばれる折り方です。弔事では、パフやクラッシュと呼ばれる華やかさを添える折り方は、避けるようにしましょう。

サミットで安倍首相は白い靴下を

続いて靴下についてです。日本では、長さに関係なくソックスとひとまとめに呼ばれていますが、欧米ではソックスは短い靴下を指し、ふくらはぎの頂点から膝裏までの丈《たけ》の長めの靴下は、ロングホーズと呼びます。

日本ではロングホーズよりもソックスを履いている人を多く見かけます。デパートでも、ビジネスウェアの目立つところには、ロングホーズよりも短いソックスばかりが陳列されています。

靴下は他のアイテムと比べ、さほど重要ではないと思われているかもしれません。靴下の役目は、パンツと靴をうまくブレンドすることで、色も柄も決して目立ってはいけません。

しかし、色や長さを間違えると、大失点につながります。ズボンに隠れているから大丈夫だと思っていても、最近のパンツはますます丈《たけ》が短くなってきていますから、靴下の素材や長さは意外と目立ちます。

たとえば欧米の洒落道楽《しゃれどうらく》は、グレーのトラウザーの下にブラウンの靴を履《は》いている人が、ふと足を組んだときにどのような靴下が現れるのか、そんな瞬間をちらりと見ています。たかが靴下ですが、その「たかが」にどれだけこだわれるか、これが欧米のダンディズムなのです。

白色の靴下や厚手の靴下などスポーツに用いられるカジュアルな靴下を着けるのは、ビジネスや政治の場では、ご法度《はっと》とされています。しかし二〇一三年、イギリスの北アイルランドで開かれた主要国首脳会議（ロックアーン・サミット）で安倍晋三《あべしんぞう》首相が各国首脳陣と会談していた際、足を組んだ瞬間、足元に輝く真っ白な靴下が世界中のメディアで放映されてしまいました。

——これは一国のリーダーとしても、一人の紳士としても、恥ずかしいことです。ビジネスや政治の世界では、白い靴下は厳禁であると覚えておいてください。

ちなみに私はニューヨークに出張するたびに、ニューヨーク在住の顧客に日本の靴下をプレゼントしています。日本の靴下は、履き心地は抜群で作りも頑丈《がんじょう》、長く履き続けることができて大人気なのです。

なかでもグンゼが男性向けに作っているブランド「ＳＥＥＫ（シーク）」のホーズはお薦めです。ふくらはぎ部分に吸湿性に優れて滑りやすいキュプラ繊維が使われており、パンツにまとわりつきにくく、蒸《む》れにくいため、一年中、履くことができます。バリエーションも豊かですので、ちょっとしたプレゼントとしても喜ばれます。

「女性の尻を調べる者」Ｔシャツ？

残念ながら日本では、家庭でも学校でも、正しい「装い」について学ぶ機会が少ないようです。アイロンのかけ方、ボタンの付け方などは、小中学校の家庭科の授業で習った人が多いかもしれませんが、正しい「装い」とは何か、それを学んだことのある人は、どれほどいるでしょうか？　日本の伝統服である着物はおろか、時代の変化とともに服装がどのように変化していったのかを、歴史的背景を交《まじ》えながら教えられる人も多くはありません。

たとえば「立ち居振る舞い」のマナーであれば、大人から子供へ伝えるべきとされていることは、いくつも挙げることができるでしょう。でも、「装い」に関してはどうでしょうか？　子供に教え伝えるべきことを、知識としてどれほど持っているでしょうか？　間違っていることについても、その理由を添えて説明できる人は少ないと思います。

高知大学教育学部が日本の小学生を対象に行った「衣生活内容に関する学習意欲」の調査結果によると、時間や場所や場合に応じた洋服の着こなし方に興味のある子供は、二〇％程度しかいません。この数値を見ても、衣生活に対する関心が低いことが分かります。

また服飾について学ぶ意欲は、男子よりも女子のほうが高く、男女間で衣服に対する意識の差が大きいことも分かっています。女性は社会に出てからも、ある程度はファッションに関心を持ち続け、自己を演出することにも積極的です。他方、男性は比較的保守的であり、積極的に自分を変えていこうとはしません。この傾向は、イメージコンサルティングのために来られるお客様の男女比にも、顕著に表れています。

私のオフィスにいらっしゃるお客様は、ビジネスパーソンだけでなく、医師や弁護士、大学教授の方もおられます。年代は、社会に出てからある程度のキャリアを築いてきた三〇代から五〇代の男女が中心です。

会社や組織のなかでの影響力が強まるにつれ、衣服との向き合い方が分からなくなってきた、そんな方々が「いまの自分の立場に合った洋服について客観的なアドバイスが欲しい」と、コンサルティングを受けに来られます。

お客様の多くは、「自分に似合うものが分からない」「たくさん洋服があるのに着たいものが見つからない」という共通の悩みを抱えています。三〇代を過ぎても、このような問題に悩まされている人が多いのは、正しい衣服の選び方や着こなし方を学ばずに来てしまったことの結果でしょう。

戦後、日本の親は子供の自由を尊重するようになりました。現代は昔ほど制限がなく、また金銭的な余裕もあるので、自分が着たいものは何でも着られる時代です。しかし、あまりにも自由奔放《ほんぽう》に服を選ばせ過ぎてはいませんか？　街ではときどき、とんでもない服装をした若者たちを目にします。

たとえば先日、打ち合わせで渋谷へ出かけた際には、「ＦＢＩ：Female Booty

Investigator（女性の尻を調べる者）」と英語で書いてあるTシャツを堂々と着ている女の子を見つけました。「ＦＢＩ」の文字が格好良く映って買ったのかもしれませんが、彼女がどれだけ素敵な女の子だったとしても、英語の分かる人には魅力的に映らないでしょう。

また二〇一七年初めに訪れたラスベガスの滞在先のホテルでは、日本人の可愛いお子さんを見かけたので、着ているシャツに目を留めると、二匹のネズミのイラストの下に、「BEST FRIEDS（最高の揚げ物）」と書かれていました。ひょっとすると「BEST FRIENDS（ベストフレンド）」のミスプリントなのでしょうか？　それともただのブラックジョークでしょうか……。

たまに日本語でも「極度のガソリン」といった訳の分からない言葉が書かれたシャツを見かけることがあります。こんな意味不明の日本語が書かれたTシャツをクールだと思って着る外国人もいるようですが、着ている日本人がまったく意味を分かっていないというのなら、なんだか不憫《ふびん》に思えます。

向井理は「Asshole」Tシャツを

意味不明な英語や、卑猥《ひわい》な英語がプリントされた洋服を、テレビ番組で平気で着てしまう日本のタレントさんたちもよく見ます。

先日は、トレンディ俳優の向井理《むかいおさむ》さんがフジテレビの番組に「Please trust me I am Asshole」と書かれた服を着て出演していました。向井理さんは知的さも魅力の一つとして売り出していた方だっただけに、衝撃的な姿でした。海外の俳優さんが「私はアホです」と日本語で書かれたTシャツを着て番組に出ていたら、皆さんはどう思われるでしょうか。

また、モーニング娘。のメンバーが情報番組「ナイトシャッフル」に「I AM A WHORE（私は尻軽女）」と書かれている衣装で登場したこともありましたが、このときも開いた口が塞《ふさ》がりませんでした。

洋服が見るものに向けて発信する印象をさほど深く考えず、見た目の雰囲気だけで選ぶ……この態度は、日本に初めて洋服が導入された明治時代の人々と変わっていません。意味が分からない外国の言葉がプリントされたTシャツを着るときは、もっと注意深くなるべきです。

この服を着ると、他人からどう見られるのか？　これから臨む場所では、どのような出《い》で立《た》ちが適しているのか？　こうした正しい「装い」に関する教育が学校でなされていないのであれば、親が家庭で教えるしかありません。

もちろん親が正しい「装い」とは何かをきちんと理解していなければ教えることはできません。息子が就活に出掛けるときや、娘が着物を着て出掛けるときなどに、きちんとアドバイスをしてあげられるよう、「装い」に関する正しい心得を持っていたいものです。

以前、私が主宰する国際ボディランゲージ協会の講座を受けてくださった小学校の校長先生は、「お子さんの装いを見れば、親の姿がだいたい分かります」とおっしゃっていました。親が持つ洋服に対する意識は、子供の「装い」に、そのまま反映されるということなのでしょう。

幼い頃は、親が買い揃えた洋服を一方的に着せられてきた子供たちも、一〇代に入ると、「自分とは何か？　どういう人間か？」といった問題に突き当たる大切な時期を迎えます。自分のアイデンティティは何かを考えるうえで、そのときに身に着ける洋服は、子供の心理に大きな影響を及ぼします。

喪服に下襟の先が鋭角的になっているピークドラペルもふさわしくない（写真：共同通信イメージズ）

そんなとき親は、ただ放っておいて子供の意のままに洋服を選ばせるのか、自分の人生経験や学びから、装い方をさりげなく示すのか？　シワの付いた洋服をそのまま着せるのか？　Tシャツ一枚一枚にきちんとアイロンをかけてあげるのか？……親の態度は、その後の子供の洋服の選び方だけでなく、人生そのものも大きく変えるはずです。

洋服を選ぶ際に「安かったから」「モテそうだから」「好きなブランドだから」といった安直な選択肢しか持っていない子供は、いつまで経っても自分らしさや自分の哲学を構築することはできないでしょう。自分のアイデンティティにふさわしい洋服を選ぶことは、自らの価値観を形成し、ひいては生き方を選ぶことにもつながっていくのです。

現在の日本では、美しい洋服が至るところで売られており、さまざまな価格帯で豊富なアイテムを見つけることができます。選択肢は幅広く用意されているものの、ファッション雑誌が提供する情報は、「コレが最新流行！」や「オフィスで愛されるスタイル」、あるいは「これさえしておけば間違いない」というように、そのフォーカスの対象が間違っている気がしてなりません。

日本人の女性は、雑誌が「キャサリン妃御用達《ごようたし》」と書けば、紹介されたアイテムにすぐに飛びつき、「今年はコレが来る！」と告知されれば、流行に流されてしまうようです。

二〇一五年には、裾《すそ》に向かって広がったガウチョパンツが流行《はや》りましたが、似合う人も似合わない人も皆一様に、同じような格好をしていました。このように均一的なスタイルが街中に溢れてしまうのも、着る者のアイデンティティと衣服が結び付いていない何よりの証拠ではないでしょうか。

洋服は、着る人にポリシーやこだわりがあってこそ生きてくるものです。そのポリシーを手に入れるためには、ある程度の場数を踏み、自ら失敗したり恥をかいたりして経験値を高めることが肝要《かんよう》です。

私自身、バブルの時代を謳歌《おうか》した羽振《はぶ》りの良い上司などに連れられて、さまざまな人に出会う機会を得て、多くのことを学ぶことができました。しかしいまの時代は、そのような機会も少なくなってきているようです。現代の若い人は、仕事が終わればすぐに帰宅するといいますし、飲みに行くのも職場の上司や同僚よりも、気心の知れた地元の友人を優先するようです。

しかしこれでは、自分と異なるステージの人たちと出会う機会が得られません。当然、服装や振る舞いに関する見識も広がらず、いつまでたっても服を着せられるばかりで、着こなす側になることはできないでしょう。

社会人になるまで「装い」について学んでこなかった人こそ、積極的にさまざまな環境に飛び込み、多くの人と服を目にして、彼らの生き方とスタイルとの関係を学んでいったほうがいいでしょう。

富裕層子女の服装への責任感とは

ここからは、「装い」に対する欧米人の意識の高さについて、私が一〇代の頃に実際に体験し驚いたことを、三つ紹介しましょう。

約二〇年前、私が中学生だった頃です。父がM&A（企業の合併や買収）の仕事で出会ったニューヨークのベンチャーキャピタリストの家に一時期ホームステイをしていたことがあります。そのホームステイ先で出会ったのが、伝統ある家柄のエリートや莫大《ばくだい》な資産を持つ富裕層の子供たちです。彼らの両親は、マンハッタンの一等地に家を持ち、郊外のリゾート地にも、サマーハウスと呼ばれるセカンドハウスをいくつも持っているような人々でした。

仲良くなった子供たちとは、海へ行ったりサイクリングをしたりとよく遊びましたが、そのときにまずびっくりしたことは、彼らが一日のなかで何度も服を着替えるという事実でした。

昔のヨーロッパの貴族たちが、時間や行き先に合わせて室内服や散歩着、乗馬着などに着替える習慣があったという歴史は、それとなく知っていました。しかし、二一世紀のニューヨークで、しかも同世代の女の子が、昔の貴族のような習慣を維持している様を目の当《ま》たりにして、私はひたすら驚いたのです。なにせ私は、朝起きてから寝間着に着替えるまでのあいだに何度も服を着替えるなど、一度も考えたことがなかったのですから。

私が仲良くなった女の子たちは、これから向かう場所や会う人たちに合わせて、きちっとした服装からカジュアルな服装まで、自由自在に変えていました。

たとえば幼馴染《おさなな じ》みと美術館へ行くときと、両親と教会へ行くときとでは、当然、服装が違います。親と一緒に大人たちが集まるディナーへと出掛けるときは、いちいち親から指図されなくても、さっと素敵なジュエリーを身に着け、ドレスアップします。その大人顔負けの振る舞いは、それぞれの場面で守るべきドレスコードと自分に与えられた役割を、子供ながらによく理解しているようでした。

自分の見せ方を心得ている彼女たちが、普段はどのようなお店で洋服を選んでいるのかに興味を持った私は、ある日、彼女たちの買い物に一緒に付いていくことにしました。

一緒に洋服を見ながら、まず意外に感じたのは、彼女たちの経済感覚。富裕層の子供とはいえ、彼女たちの金銭感覚は、庶民と変わらないのです。

たとえば、身体の変化が著しい時期に着るブラジャーやTシャツ、暑い時期にだけ使われる麦藁帽子《むぎわらぼうし》などは、割り切ってリーズナブルな価格帯のものを選んでいました。一方で、ネックレスや靴、あるいは鞄《かばん》など、将来にわたって使えるものは、よく吟味《ぎんみ》したうえで「これだ」と思えば、少々値が張るものでも躊躇《ちゅうちょ》せずに購入していました。

同じようなアイテムなら、できるだけ安く買いたいと考えていた当時の私にとって、何に投資する価値があるかを見極めて、メリハリのあるお金の使い方ができる彼女たちの姿は、たいへん大人びて見えました。

それこそ裕福な家庭で育った彼女たちならば、気に入った洋服は、経済力に物をいわせて次々と買ってしまえそうなものです。しかし実際は、たった一枚の洋服にも、その金額を支払う価値があるかどうかを見極めようとする……子供とは思えないシビアな目を持っていました。

彼女たちの家庭では、「何にどのような投資をすれば適切な価値が生まれるか」といった金銭教育が、食事の席でもよく行われるといいます。日本では、「食事をしながらお金の話をするなんて卑《いや》しい」「子供に投資の話をするなんて早すぎる」と考える家庭も多いかと思いますが、欧米のエリートの子供たちは、比較的早い時期から、「装い」に加えて投資のルールを、あるいはスマートなお金の使い方を学んでいるのです。

「装い」に、その人の内面が表れるのと同様、お金の使い方にも、その人の知性や品格が表れます。私が彼女たちと数々のお店を一緒に回りながら、さらに感銘を受けたのは、彼女たちは好き嫌いだけで洋服を選ぶことはせず、衝動買いも決してしないことです。

たとえば一見、体形にきちんとフィットして素敵に見える洋服でも、「シルクは滑《なめ》らかで好きだけれど、私の髪が傷んだように見えてしまうから、もう少しテクスチャーがあったほうがいいと思う」「この花柄は好きだけれど、私の瞳《ひとみ》の印象が薄くなってしまう。もっと繊細なデザインの花柄はないかな？」と、さらに厳しい目で、自分自身と洋服との見え方をチェックするのです。

ショッピングに付き合い始めた頃は、「お金持ちなのだから、好きなものは買ってしまえばいいのに」「なぜ、これほどまで吟味する必要があるのだろうか」と疑問に思うばかりでしたが、いまならその理由がよく理解できます。

日本では、さまざまな文字がプリントされたTシャツを、子供も大人もよく着ています。しかし欧米の階級社会では、文字入りの洋服を好んで着るのは階層の低い人たち、という共通認識があります。

確かに、当時出会った友人たちは、キャラクターはおろか、文字がプリントされたスウェットやTシャツを手に取ることはありませんでした。幼い頃から「装い」は、嗜好《しこう》のみならず、教養、学歴、経済力など、その人の背景にあるものを示すという事実を教えられてきた彼女たちは、自分たちのセンスから父母のソーシャルランクまでもが推察されることを知っていたからです。

だからこそ、単に値段や好みで判断するのではなく、素材、色、クオリティ、用途などを総合的に考え、慎重に吟味していたのだと思います。たとえ子供であっても「何を着るか」に対して緊張感や責任感を持ち、自分の見せ方に十分に注意を払わなければならないのは、階級社会特有の事情ともいえるでしょう。

その子を引き立ててくれる「色」

ニューヨーク郊外にある、サマーハウスへ誘われた日。水着を探しに行こうと連れていってもらったお店でもまた、「装い」に対する意識の違いについて考えさせられる出来事がありました。

連れて行かれたのは、マンハッタンのミッドタウンにある店舗。前回のショッピングのときと同様に、友人の女の子たちは次々と、さまざまな水着を持ってきては、鏡の前で合わせてチェックします。私の水着を選んでくれる際も、私の肌に最も調和する色や素材を見つけ出そうと、水着を顔に近づけたり遠ざけたりを繰り返しながら、熱心に鏡を見つめます。

このとき、なぜそこまで色や調和にこだわるのかと聞くと、「生まれ持った自分のカラーに一番合ったものを選ぶのは当然でしょう」という答えが、すまし顔で返ってきました。

彼女の親たちは、子供が思春期に入り、瞳や肌や髪の色素が落ち着いてくると、その子を引き立ててくれる「色」について、さまざまなアドバイスをくれるというのです。この事実も、私にはカルチャーショックでした。

日本人の親は、瞳や髪の色、肌のトーンといった要素よりも、骨格や身長など「着られるかどうか」といった実用的な点を判断軸にして、子供に合う洋服を決める傾向があります。さまざまな血が入り混じる欧米人に比べると、日本人の瞳や髪、あるいは肌の色や質感などは、ほとんどの人が似たようなものだと思うかもしれません。でもよく見れば、私たち日本人だって、意外に十人十色《といろ》です。

たとえば黒髪であっても、漆黒《しっこく》の髪色もあれば、生まれつき、うっすら茶色がかっている人もいます。同じ色合いでもコントラストや質感が異なれば、それぞれの個性や雰囲気に合ったカラーや素材があるはずなのです。

彼女たちのように、自分にしかない個性を生かす方向には目を向けず、単に「好きだから」「着たいから」と、直感で洋服を選んできた未熟な私……若くして個性を引き立てる方法をこんなにもよく知っている彼女たちを、密かに羨《うらや》ましく思いました。このときの、装うことに対する意識の違いから得た衝撃が、その後の私のキャリアに影響を与えたのは間違いないでしょう。

その後、私はニューヨークの大学へと進み、人と「装い」との関係について専門的に学んだあと、イメージコンサルタントとして独立しました。それから十数年経ったいま、何百人という人たちのカラーやスタイルについてアドバイスをしています。現在の私の人生は、あの夏の経験がなければ、あり得なかったかもしれません。

ちなみに、人の装いや振る舞いについてアドバイスを行うイメージコンサルティング業がアメリカで始まったのは一九六〇年代……この波が日本にもたどりつき、徐々に広がり始めたのは二〇〇〇年代です。この四〇年もの隔たりは、装うことに対する日本と欧米の意識の違いから生まれたのではないかと思います。

三種類のドレスコードの内容

親から受け継がれてきた「装い」に対する嗜好は、子供にも影響を与えます。親が洋服のブランドや品質にこだわるタイプの人間であれば、子供も同様な価値観を引き継ぐ可能性が高くなります。

一方、シワができていても気にせずに着ているような親を持てば、多少のシワや毛玉ができていても気にしない子供が育ちます。

特に「装い」に対する金銭感覚、そして知識や知恵の数は、幸か不幸か、子供が大人になってからも影響を与え続けます。分かりやすい例を挙げるとすれば、大人になるまでドレスコードと無縁の人生を送ってきた人ほど、フォーマルウェアとカジュアルウェアとの差が極端になります。

たとえば親からドレスコードを学び、自らも経験を積んできた人は、一言でフォーマルといっても、そのなかには、さらに細かいしきたりがあることを知っています。そのような人はパーティの招待状にドレスコードが記載されていなくても、その日はどの程度のフォーマルが求められているかを、適切に導き出すことができます。

しかし大人になるまでフォーマルな「装い」を経験したことのない人は、いざフォーマルな場に招待されると、何を着ていけば良いのか頭を悩ますことになります。

たとえばドレスコードには、フォーマル、セミフォーマル、インフォーマルという分け方がありますが、招待状のドレスコードにインフォーマル（平服）と書いてあるからと、普段着のような格好で参加してしまう人がいます。

逆に結婚式や披露宴《ひろうえん》にお呼ばれして、極端なほど着飾ってしまったり、フォーマルの度合いが異なるアイテムをごちゃ混ぜにして身に着けているのに気づかない、そんなミスを犯してしまったりします。

ちなみにインフォーマルは、上下同色のスーツとネクタイを合わせたものと決まっています。インフォーマルなのに、フォーマルな格好で行くのも、カジュアルな格好で行くのも、ルール違反になるので気をつけましょう。

オバマの白い蝶ネクタイの意味

さて、いまでこそジョン・F・ケネディ以来のベストドレッサーとして名を馳《は》せたバラク・オバマ氏も、実は大統領に就任した直後は、いくつかのミスを犯していました。

致命的なミステイクといえば、二〇〇九年の大統領就任式の日——本来ならば黒の蝶《ちょう》ネクタイを合わせるべきタキシードに、なんと白の蝶ネクタイをつけて登場したのです。

……これには世界中が驚きました。「アメリカの大統領にホワイトタイの意味を教えてやれ」といった皮肉の声が世界中から投げかけられました。

興味深いのは、一度目のみならず二度目の就任式でも、オバマ大統領が同じタキシードに白の蝶ネクタイで登場した点です。これには、どのような意図があったのでしょうか。

「格式よりも大切なものがあるというメッセージを送っていたのだ」と深読みする人まで現れましたが、真実はいまだ謎に包まれています。それならば一貫して、どのような場でも白の蝶ネクタイというスタイルを貫けば良いものを、ある場面では黒の蝶ネクタイにしたり、ある場面では白にしたりと変化しています。

おそらく、最初の失敗をただの失敗と感じさせないよう、二度目も同じスタイルで登場することで、「実は深い意図があったのだ」という印象を与えようとしたのかもしれません。

いずれにせよ、昔のスタイルを拝見する限り、もともとオバマ氏は、「装い」に対してこだわりを持っていなかったようです。就任直後のインタビューでも、「大統領選に出てから初めて、自分がどう見えるかを意識するようになった」と語っています。

話は戻りますが、オバマ氏のタキシードのポケットには、フラップと呼ばれるカバーが付いています。フラップは本来、屋外で着るスーツに付けられたものであり、雨よけのための装飾です。機能性のために付けられたものですから、室内でのフォーマルな場にふさわしいディテールではありません。

歴史上、最も意義のある場に、①白の蝶ネクタイ、②フラップポケット付きタキシード姿で登場したことに、世界中のメディアは驚きました。メディアの反応は好意的とはいえず、オバマ大統領とそのチームは常識に欠けると非難され、選ばれた立場に対する責任のなさや意識の低さが指摘されました。

就任式の日だけではありません。公式なディナーパーティで着たタキシードは、フラップボタンの付いた二つボタンだったうえに、フォーマルにはあまりふさわしくないノッチドラペルという襟のジャケットでした。

また、本来ならドレスウォッチを着けるようなフォーマルな場所に、スポーツウォッチを着けて参加し、他の首脳陣らと握手することもありました。このように、あのダンディに見えるオバマ氏でさえ多くの失敗を犯し、批判を受けるたびに軌道修正し、現在のスタイルに行き着いたのです。

ミス・ユニバースの勘違い衣装

「装い」のTPOを無視して世間を賑《にぎ》わせた事例は日本にもあります。

二〇〇九年、ミス・ユニバース日本代表のナショナル・コスチュームが発表された直後から、代表に選ばれた宮坂絵美里《みやさかえみり》さんの衣装は国民の多くから反発を受けました。ヒップの上まで大胆にカットされた黒の牛革の着物。ヒップの下からは、ショッキングピンクの下着にガーターベルトが露《あら》わになっています。この奇抜《きばつ》なスタイルが、日本のナショナル・コスチュームとして発表されるやいなや、「なんて下品な衣装だ」「日本文化を侮辱するようなデザインだ」「まるで売春婦のようだ」と、数多くの非難の声がミス・ユニバース・ジャパン運営事務局に寄せられました。

衣装の提供会社との打ち合わせでは長かった着物の丈を、発表直前にカットすることを決定したのは、当時のミス・ユニバースディレクター、イネス・リグロン氏。するとリグロン氏が委託した衣装デザイナーの緒方義志《おがたよしゆき》氏のブログや、ミス・ユニバース・ジャパンの運営事務局であるIBGのブログには、抗議や非難のコメントが一〇〇〇件以上書き込まれました。

緒方氏は、この衣装をデザインした経緯について、「日本人女性の魅力は奥ゆかしさだけではは決してないのです。西洋の女性に勝る色気、大胆さ、強さがあります。その日本人女性の大胆さや色気を刺激的に伝えるということに挑戦したかったのです」と説明しています。

また、この衣装の発案者でもあるリグロン氏は、数々の非難を受けたあとに、「自分たちは日本の保守派の意見など気にしない。私たちが気にするのはファッショニスタの人々の反応だ」と反論しました。というのもリグロン氏は以前から、日本人の女性にはもっとセンシュアルな魅力が必要だと、さまざまなメディアを通して伝えてきたからです。ただ、この衣装に見られるように、着物から下着を露わにすれば色気や魅力が伝わるという単純な考えは、軽蔑されてしまうのも仕方ないことです。

日本代表の衣装でありながら、奇抜なデザインばかりが悪目立ちして肝心《かんじん》の代表の個性が消されてしまう衣装。日本人の美的感覚にまったく訴えないデザイン。「美」と「教養」と「品性」の頂点を目指す、と掲げながらも、「ファッショニスタに受ければいい」と発言しているところにも、大きな矛盾を感じます。

ミス・ユニバースで披露される各国のナショナル・コスチュームは、伝統的な装いに創作や工夫《くふう》を加え、観客らを楽しませる要素がなくてはなりません。だからといって「下着丸見せ」＆「ガーターベルト」では、品性のある工夫とはいえません。

衣装協力として参加した老舗《しにせ》呉服店の担当者も、「このような形で自分たちの着物が使われると知っていれば協力はしなかった。帯は使わせない」と強く抗議を申し入れ、最終的にはガーターベルトとストッキングはそのまま残し、短かった裾を伸ばすという変更を余儀なくされました。

また、この衣装に対する批判は日本国内だけにとどまらず、国外のミス・ユニバース・ファンたちからも惨憺《さんたん》たる評価を受けました。こうして運営事務局側の常識やセンスがずれていることが証明されたのです。

衣装は日本の職人やデザイナーたちの協力を得て完成されます。当然、多数のスポンサーも付きます。これらを裏切るようなかたちで出されたコスチュームに、意見する人はいなかったのでしょうか。

「どこまでなら着崩しても大丈夫なのか」「どこまでが美しさと捉えられる範囲なのか」――この奇抜さと斬新さの境界線を客観的に判断できなかった運営事務局をはじめ関係者が、発表前に真っ当な判断をできなかったことが、残念で仕方ありません。

ミス・ユニバース機構から指名されフランスから来た「美の伝道者」が、日本の若い女性たちのあいだで話題となり人気が出るのは、分からなくもありません。これまでも「ファッション」「美」「健康」の分野では、海外から来たその道のプロフェッショナルがもてはやされる傾向にありました。

しかし、権威がある人のいうことを何でも正しいと妄信する傾向からは、装うということに対するアイデンティティの欠落を感じずにはいられません。

ミス・ユニバースのようなビューティー・コンテストは、年々視聴率が落ちる一方で、アメリカではもう、あまり人気がありません。候補者の扱い方が性差別的であり時代遅れである、という批判を長年受けているにもかかわらず、その状況が改善されないからです。アメリカのミス・ティーンでの水着審査も廃止となりました。

ヒップの下からショッキングピンクの下着が……
（写真：ゲッティ イメージズ）

そのような時代のなかで、下半身丸出しの衣装は、むしろ時代と逆行していたといわざるを得ないでしょう。

ワースト・ドレッサーの大統領は

このミス・ユニバースの主催団体であるミス・ユニバース機構の所有権を、二〇一五年、共同出資していた米NBCテレビからすべて買い取り、同大会の単独出資者となったのが、アメリカ大統領となるドナルド・トランプ氏です。

そのトランプ氏といえば、オーバーサイズのスーツに、白いシャツ、星条旗を彷彿とさせる赤や青のシルク製無地のタイがお決まりのスタイルですが、彼の着こなしもまた、国内外から数多くの非難を受けています。

推定五〇〇〇～八〇〇〇ドルはするイタリアのブリオーニのスーツを着ているにもかかわらず、全体的に安っぽい雰囲気が漂っているのはなぜでしょうか？　それはまさに、本書の第二章で挙げる「着こなしで守るべきポイント」をすべて外しているからです。

たとえば共和党下院議員のティモシー・スコット氏との会談の席では、上はネイビーのスーツに下は黒のパンツを穿いて登場しました。これは日頃からファッションに疎《うと》い人でも、一目でおかしいと感じるほどの着こなし。「トランプは暗闇のなかで洋服をコーディネートしているのではないか」と皮肉られました。

トランプ氏の着こなしの何がまずいのか？　まず、ベルトの下までだらしなく伸びきったネクタイ。広過ぎるパンツの幅。本来ならば太腿から靴にかけてまっすぐに落ちるべきパンツのセンターラインがいつもよれよれで、太腿の内側にまでシワができています。そして、スーツの袖から一センチほど均等に出ていなければならないシャツの袖……右腕と左腕では、シャツが左右非対称に飛び出ています。加えて体の割に小さ過ぎるネクタイの結び目（この結び目を正しい太さにすれば、ネクタイの先端も正しい場所に落ち着くはずなのですが）。決定版は、本来ならば座っているときには外し、立ったら留めるスーツのボタンを、逆に座っているときには閉じ、立つと開けること。これが世界最強の国家、アメリカの大統領です。

イバンカさんの横にいてもネクタイは伸びたまま
(写真：共同通信イメージズ)

　トランプ氏の着こなしを見ていると、「センスは、お金では買えない」ということをまさに証明している気がします。

元スーパー・モデルの妻と、実業家でありながらモデル業もこなしてきた娘がいつも身近にいながら、これだけ誤った着こなしを続けるトランプ氏は、おそらく家族からのアドバイスにさえ耳を傾けていないのだと推察されます。

「低所得の支持者を意識して、トランプ大統領は敢えてあのような着こなしをしているのだ」「これはトランプ氏の演出の一つだ」という専門家もいますが、それならば低所得者が絶対に手を出せない高級なブリオーニのスーツは選択肢から外れるはずです。またスタイリストが付いているのであれば、ネクタイの裏に両面テープをつけるといった幼稚な手法は用いないでしょう。

私はよくコンサルティングにいらっしゃるお客様に、「トランプ大統領がやっていることと真逆のことを意識して装えば良いのですよ」と冗談っぽく伝えていますが、トランプ氏の間違いは、決して笑いごとで済ませられるレベルではないのです。

ホリエモンのナチスTシャツの罪

次は欧米の経営者の話をさせてください。彼らは立場や影響力が上がるほど、スーツ・スタイルにしてもカジュアル・スタイルにしても、服装が保守的かつシンプルです。これは多くの人の前に露出する機会が増える分、自分の姿を見て不快な思いをする人をできるだけなくすためです。そして、余計なことをして、これまで築いた信頼や評価を台なしにするリスクを防ぐためでもあります。

アップルの創始者であるスティーブ・ジョブズ氏は黒のタートルネックにジーンズ、そしてフェイスブックの創始者であるマーク・ザッカーバーグ氏はグレーのTシャツにデニムという、毎日ほぼ同じスタイルを維持しています。

彼らは、毎朝あらたに服を選ぶという煩雑な作業を省き、自分が本来やるべきことだけに時間とエネルギーを注ぎたいという思いで、個性を抑えたシンプルなスタイルを貫いています。またそれだけではなく、高級な洋服を身に着けて消費者から余計な嫉妬を買ったり、見る人によって意見の分かれる極端な洋服を着て余計な論争を起こしたりすることのリスクを十分に認識しているからなのでしょう。彼らのスタイルは、「自分のための装い」でありつつ、「他者のための装い」でもあるのです。

日本では二〇一七年七月、NHKの「ごごナマ」という番組に、実業家の堀江貴文《ほりえたかふみ》氏がヒトラーと思われる顔が大きくプリントされたTシャツを着て出演しました。すると番組放映中から、NHKには多数の苦情が寄せられました。

司会の阿部渉《あべわたる》アナウンサーは、番組の最後に、堀江氏が着用していた黒いTシャツは私

NHK「ごごナマ」に出演したホリエモン（写真：NHK映像）

物であり、「NO WAR」という文字と反戦マークが入っていることを説明しましたが、放映後も苦情はおさまりませんでした。

また、番組放映の翌日、アメリカのユダヤ人団体「サイモン・ウィーゼンタール・センター」の副所長を務めるエイブラハム・クーパー氏は、「日本の実業家が、ヒトラーの顔を描いたTシャツで日本の公共放送に出演した。これは実に不快な宣伝行為にほかならない」と声明を出しました。

番組出演後、堀江氏は「どう見ても平和を祈念しているTシャツにしか見えないだろこれ(笑)」とツイートしています。たしかに堀江氏のTシャツのデザインをよく見ると、ヒトラーの顔の横には「NO WAR」と書いてあるのです。

しかし残念ながら、テレビ画面上では、よく目をこらさないかぎり、この文字をはっきりと読み取ることができません。ましてや目が悪い高齢者、あるいは英語の意味がよく理解できない人には、その意図を認識することさえ難しいでしょう。

堀江氏がヒトラーの顔のプリントTシャツを着て日本の公共放送に出演したことは、世界中のメディアで取り上げられました。公共放送のスタッフがこれらを事前にチェックしないこと自体、常識が疑われます。「自分が着たいのだから、好きなときに好きなように着れば良い」では許されない世界の構造を知るべきです。

特に不特定多数の人の前に出る立場の人は、英語表記や物議を醸すようなプリントには、十分に気をつけたほうが良いでしょう。

この章では、卑猥《ひわい》なメッセージが書かれた洋服を着て番組に出演するタレントやアイドルの例をいくつか出しましたが、日本のテレビ局も、出演者の装いに関しては、より厳しくチェックしていく必要があると思います。

日本ではハロウィーンの時期が近づくと、いまだにナチスの制服やヒトラーをモデルとしたグッズなどが販売されます。渋谷でのハロウィーンは、外国から来る観光客の名物の一つになっており、たくさんの見物客が訪れます。そのなかには、ナチス《ママ》やヒトラーのモチーフを見るだけで嫌悪感をもよおす人も少なからずいるはずです。どこまでがエンターテインメントの一つとして許されて、どこからが許されないのか――この線引きをシビアにできる感覚を持ちたいものです。

安倍首相が知らないルール

「装い」の経験値は、その人の振る舞いにも反映されます。たとえば、これまでタキシードやモーニングを一度も着たことがない人が突然、一張羅《いっちょうら》のフォーマルウェアを着ると、まるで結婚式の新郎のように、動きがぎこちなくなるものです。

パーティ会場で、表情や立ち居振る舞いが硬い人というのは、ドレスコードに無縁に生きてきた人の特徴。フォーマルな着こなしに慣れている人というのは、たとえウィングカラーにカマーバンドを着けているときでも、自宅でくつろいでいるときのようにリラックスした表情を見せ、身のこなしも軽やかです。

初めて袖を通す洋服を着るときは、事前に肩回りや胸回りを揉み込み、襟をストレッチさせるなどして、体に自然となじむようにしておきます。

こうした「装い」に関する経験やノウハウは、親が与える部分が多いでしょう。必ずしもお金が必要だとは思いません。大切なのは親の意識や経験値だと思います。

では日本の首相、安倍晋三氏の「装い」はどうでしょうか？　祖父に昭和の妖怪《ようかい》と呼ばれた岸信介《きしのぶすけ》、大叔父《おおおじ》には佐藤栄作《さとうえいさく》と、二人の首相経験者を近親者に持つ政界のサラブレッド。

普通の政治家に比べ、はるかにリソースに富んだ環境で政治家となったはずですが、その「装い」はひどいものです。

第一次安倍内閣のときには、いつもオーバーサイズのスーツを着て、べったりとした野暮《やぼ》ったい髪型でした。その頃に比べれば、いまは「装い」だけでなく、髪型や振る舞い、プレゼンに至るまで、さまざまな改善が見られますが、それでも大切なルールがいくつも抜け落ちたままです。

「装い」に対する意識は、大人になったら勝手に身に付くなどと考えてはいけません。「装い」に対してしっかりとした判断基準を持つ大人になるためには、私が子供の頃に出会った欧米の富裕層のように、子供のうちから親が積極的に関わらなくてはなりません。

欧米の親たちは、自分の子供が将来、思わぬところでステップアップの階段を踏み外さないよう、早くからTPOに合わせた洋服の選び方や、子供の個性をうまく引き立たせるような装い方を、自然なかたちで教え始めるのです。

服飾店で子供に「服育」する父親

二〇代になり、再び大学へ入り直すため、私はニューヨークに戻りました。世界一経済力のある大都市であるため、たとえ狭い部屋でも高額な家賃がかかります。大学の授業料を稼ぐために、私は仕事探しをスタートしました。

履歴書を持ってマンハッタン中を歩き回り、アッパーイーストと呼ばれる高級住宅街にある男性向けの服飾店で働かせてもらうことになりました。

この男性服飾店は、新聞や雑誌等に一切広告を出さないにもかかわらず、グローバル企業の会長など、ビジネスでニューヨークを訪れる国内外のエグゼクティブ、あるいはチェロの世界的名手のヨーヨー・マやショーン・レノンといったミュージシャン、その他にもセレブリティや政治家など一流の人物が頻繁《ひんぱん》に訪れる店です。服飾の経験を積むには、最高の環境でした。

お店に来るお客様のなかには、小学生くらいの幼い息子さんを連れてくる人もいます。そのとき私は、装うことの意味やその楽しさを、父親が子供たちに生き生きと教えている光景に、何度も遭遇しました。

子供とともにお店を訪れたある男性は、ズラリと陳列されているボウタイ（蝶ネクタイ）のなかから、「これがお前に一番似合う色だよ」と、息子さんの髪色に調和したマットな（光沢のない）ボウタイを選んであげていました。

また、あるお客様は自分の手首を使って、まだ七〜八歳ほどの子供にボウタイの結び方を教えていました。「こんなに小さな子が、いまボウタイの結び方など知る必要があるのだろうか」と、そのときは思いましたが、小さな男の子が父親に教わった方法で一生懸命ボウタイを結ぶ姿はとても微笑ましく、何ともいえない幸福感が湧き上がるのを感じました。

そしてある男性は、アスコットタイとネクタイの両方を手に取りながら、その違いについて子供にも分かるように丁寧に説明していました。

父親が息子に対して「装い」とは何たるものかと教える光景は、私たちが住む日本ではなかなか見られません。しかし男の子の「装い」は、身近な男性である父親が一番の見本です。父親の服装に対する姿勢は、知らぬうちに息子に大きな影響を与えているのは確かです。

ニューヨーク育ちの親友のドロは、たいへん優れたセンスの持ち主です。現在は、ロンドンにある出版社でアート関係の作品を世に出す仕事をしていますが、彼女に昔話を聞くと、母親が幼い頃から毎週のように、ニューヨーク市内の美術館や博物館に連れて行ってくれたといいます。

そこで彼女は、色はどうやって作られるのか？　なぜ、ある色は高貴な人に使われ、ある色は庶民に使われたのか？　衣服を重ねるということにどのような意味があるのか？　そして、色の組み合わせ方の基本は何か？　など、さまざまなことを学んだそうです。

彼女の母親は、ファッションについて学ぶことを目的に美術館に連れていったわけではないと思います。しかし公共の施設を利用し、色彩感覚や「装い」の歴史についての知識を学ばせるのは、私たちにも簡単に真似ができることだと思います。何より親自身の感性が刺激されるはずです。

海外の美術館へ行くと、とにかく子供の姿が数多く見られますが、日本の美術館では、子連れの親の姿はあまり見られません。

子供と自分のための「服育法」

私が育った家庭は、父も母も質素倹約を重んじる、ごく一般的な家庭でした。そして、親から特別な「服育」は受けませんでした。ブランド品の子供服などを買い与えてもらったこともありませんし、服はどちらかというと、姉や従姉妹《いとこ》たちからのお下がりが多かったような気がします。家族全員で旅行をしたのも、たった一度かぎりです。

しかし一〇代になってから、母親が一年に一度、アジアやヨーロッパ諸国へバックパックの旅に連れ出してくれるようになりました。このとき世界各国で数多くの美術館、博物館、あるいは邸宅などを巡らせてくれたのは、自分の人生経験のなかでも最高の財産になったと思います。

旅行代理店で安い航空チケットを手に入れ、最低限の荷物だけをリュックに詰めて現地へ飛び立つ。現地では、長時間歩いても疲れないスニーカーとデニム姿で、真っ先に美術館や博物館を訪れる。美術館や博物館では、あれこれ余計な口をはさまず、思う存分、娘に好奇心を発揮させる。これが母のスタンスでした。

美術館で私が最も心を惹《ひ》き付けられたのは、いつも人物画でした。壁に飾られた昔の貴族や王族たちの肖像画などを見ながら、なぜ男性がスカートを穿いているのか？　なぜヒールを履いているのか？　なぜガーターベルトを靴下に付けているのか？　など、次から次へと疑問点が頭に浮かびました。こうして人の「装い」に関する好奇心や関心が自然と高まっていったように感じます。

母はまた、その土地出身のデザイナーのお店があれば、一度宿泊先に戻り、そのお店に入れそうな服装に着替えたうえで、店のディスプレイや内装、そして陳列された洋服を見る機会を与えてくれました。

母親と店内に足を踏み入れたとき、少し服装を変えただけで現地の人々からの扱われ方がまるで違う、ということを経験しました。

その母が旅先で口癖のようにいっていたのが、「その土地で一番良いといわれているものを一つでも多く見て、触れなさい。そして、周りの人々の服装も、よく観察しなさい」ということでした。

子供などが入って良いのだろうか、とためらわれるようなお店にも、背中を押され、どんどん入らされました。

日本のデパートに行けば、あらゆる階層や年代の人々が集まり、どのような格好をしていようと客は一様に同質のサービスを受けることができます。しかしヨーロッパでは、上層階級の人々が行く店には、それなりの特徴があります。

上層階級の人々は、静かで閉鎖的、そして雰囲気のある店を好みます。一方、普通の人たちは、大衆的な店で、耳に刺さるようなBGMが鳴り響くなか、セール品などを考慮しながら服を決める傾向にあります。そのため、店の佇《たたず》まいに馴染まない客が来たときには、店員の対応も変わるわけです。デパートだけでなく、サロンやカフェだって客層が分かれています。

そこで、あらゆる階層の人々の行動様式を知り、自分とは異なる文化や社会があることを体験できたのは、非常に良い経験でした。さほどお金をかけずとも、視野を広げ、見る目を磨くことはできる。それを母はさりげなく教えてくれたような気がします。

当然、本も最高の教材です。たとえば日本を代表する草木《くさき》染《ぞ》め染織家の吉岡幸雄《よしおかさちお》先生の『日本の色辞典』（紫紅社）は、伝統色を日本古来の植物染めで再現し、色の名前にまつわる歌や逸話《いつわ》、そして物語などを紹介している、色の解説本です。

また『日本の色の十二カ月』（紫紅社）は、日本人の美意識の高さを実感できる素晴らしい一冊です。これらをさりげなく子供部屋に置いておくのも良いかもしれません。

加えて、素晴らしい書籍やコレクションを取り揃えている図書館や美術館は、都内に限らず全国各地に多数あります。

「ファッションセンスを磨くのはある程度大きくなってから」「子供にドレスコードを理解させるのは難しいはず」「親が知らないと子供には教えられない」などと制限をかけず、まずは大人が関心を示し、一緒に楽しみながら、子供の将来に役立つ知識や経験を身に付けさせる、そんな「服育法」は、読者の皆さんご自身の「服育」にもなると思います。

コラム◆1　オバマの「とうちゃん好みのジーンズ」

アメリカの大統領を務めたバラク・オバマ氏は、いまでこそファッショナブルな政治家と尊敬を受けていますが、かつては、オフの日に見られる私服のダサさ加減が、たびたびファッション誌に取り上げられるほどでした。

大統領就任時には、ひどく色褪《いろあ》せた、普通の田舎のおじさんに間違えられそうなジーンズを穿いていたオバマ氏。ダボダボのサイズで、おしゃれとはいいがたい型の色褪せた一九八〇年代のジーンズは「dad's jeans（とうちゃん好みのジーンズ）」と呼ばれ、失笑の対象になっていました。

また、二〇〇九年の大リーグのオールスター戦の始球式で、一九七〇年代の古臭いジーンズを穿いたときにも、国民からさまざまな批判を受けました。「たかがジーンズ姿に批判を受けるなんて」と、呆《あき》れ返る人もいるかとは思いますが、それだけリーダーの姿は多くの人から見られているということです。

しかし、その後はスタイルの改善を重ね、二期目にはファッション雑誌に出てくるようなシャープな細身のデザインのものをプライベートでも着用し始めて、ついにはベストドレッサーとまでいわれるようになりました。

国民がその国のリーダーに、センスのあるかっこいい人物であってほしいと思うのは当然です。それに耳を傾けるのか、かたくなに自分の趣味に固執するのか――「装い」からは、その政治家自身が持つ柔軟性など、さまざまなリーダーの資質も見て取れるのです。

国のトップである首相や大統領は、国民の見本となるべき存在で、その服装は国民の「装い」にも大きな影響を及ぼします。ドナルド・トランプ大統領のような人でも、その破天荒《はてんこう》な着こなしが注目され、「あのような姿をしていてもいいのだ、トップになれる人はなれる」といった風潮が生まれてしまうかもしれません。

私の身近にいるアメリカ人の親たちや、欧米の服飾コンサルタントは、現在のこの状況を非常に危惧《きぐ》しています。

2009年の大リーグオールスター戦にダボダボのジーンズ姿で登場したオバマ大統領（写真：ゲッティ イメージズ）

第二章　なぜ日本人の洋服は笑われるのか

日本の政治家のダボダボスーツは

男性の服飾の世界には、何百年も変わらない「装い」のルールが存在します。美しい「動作」をさまたげないための「装い」と、美しい「装い」を崩さないための「動作」――この種のルールを身に付けていることは、政治家やビジネスマンにとっては知性と教養の証しとなり、何よりお互いを信頼するうえでの大切な条件になります。

大統領や首相をはじめとする世界で活躍するトップリーダーたちは、シャツの襟先の広がり具合や、スーツのVゾーンの決め方、ネクタイの締め方、シャツやジャケットの袖丈《そでたけ》や裾《すそ》丈《たけ》にミリ単位でこだわり、その「装い」も見事です。彼らの「装い」を見れば、世界で通用するプロトコールを当然のように身に付けていることが一目で分かります。

一方、日本の政治家はどうかというと、残念ながら伝わってくるものがありません。世界のトップリーダーやエリートなら誰もが体得していることを、日本の政治家たちは、ことごとくできないのです。

その状況は、ここ十数年にわたって、ほとんど変わりません。イメージコンサルティングの分野がアメリカから遅れること四〇年もして生まれたのも不思議ではないでしょう。

首脳会談の様子をテレビや新聞で見たとき、ビシッと決まった出で立ちの各国首脳陣のなか、手の甲の半分を覆い隠すような袖丈のダボダボなスーツを着て立つ、我が国のトップ……何だかいたたまれない気持ちになります。そんな感想を持ったことがある人も少なくないでしょう。

では、なぜいたたまれない気持ちになるのでしょうか？　それは、「私たちの代表は世界のトップエリートと渡り合う能力に欠けている」と感じるからではないでしょうか。

たとえばスーツ。「スーツは肩で着る」と断言しても良いほど、首から肩、肩から胸にかけてスーツが身体にピッタリとフィットし、肩幅がピシリとその人に合っていなければ、格好良く着こなすことはできません。

しかし日本の歴代首相は、スーツの胸回りが大きく、手のこぶしが余裕で入るほどの隙間を作っています。また、明らかにワンサイズかツーサイズ大きいと思われる巨人な肩パッドのスーツを着てきました。

欧米の首脳陣に比べると明らかに体格が劣るなか、少しでも存在を大きく見せようという意図があるのかもしれません。そう、かつて暴走族が太いボンタンを穿いたように……。

しかし、大きめのスーツは逆に、身体の小ささを強調してしまうのです。スーツの肩の位置が実際の肩幅よりも張り出していればいるほど、「どうにかして自分を大きく見せよう」とする空威張《からいば》りにも感じられてしまいます。

スーツの五つのチェックポイント

ここで、皆さんにご自身のスーツのサイズを確認していただくための、簡単な方法を紹介しましょう。まずは誰もが簡単にできるチェックポイントを五つお話ししますので、チェックしてみてください。

一つ目は肩のフィット感です。バブルを経験した日本人の中高年の男性の場合、八割近くの人が大きめのサイズのスーツを着ています。バブル当時の流行が、「ソフトスーツ」と呼ばれるダッポリとした型だったからでしょう。なかには肩の部分が大きく下がった、全体的に二サイズほど大きめのスーツを着ている人もいます。

正しい肩の位置は、スーツの肩を人差し指と親指でつまんで、一つまみほどのところです。

二つ目はジャケットの丈です。ジャケットの裾は、ちょうどお尻の丸みが見えなくなるところに合わせましょう。これ以上長いと寸胴《ずんどう》に見えますし、短いとカジュアル過ぎてビジネスにはふさわしくありません。

袖丈は、腕を下ろした状態で、手の平を下に向けて床と水平に手首を曲げたときに、ちょうどスーツの袖の先が、手の甲にギリギリ触れるか触れないかというところが適正サイズ。

2017年のイタリアのG7サミットに勢ぞろいした首脳たち（写真：内閣広報室）

手の甲から離れていれば、シャツが出過ぎてしまいますし、手の甲に完全にかぶさっていれば、それは長過ぎます。ご自身のスーツで試してみてください。

三つ目はウエストラインです。上の写真は二〇一七年にイタリアのタオルミーナで開催されたG7サミットに参加した各国首脳陣です。彼らのシルエットにご注目ください。正面から見たときに、ほとんどの人が、袖と胴体とのあいだに数センチの空間がありますね。スーツの袖と胴体とのあいだにこのくらいの空間がなければ、きりりと引き締まった印象には見えないのです。

袖が太過ぎると野暮ったい印象になりますし、胴体とのあいだに空間は生まれません。逆に袖が細過ぎると窮屈な印象になります。

なお、ご自身のスーツの袖が窮屈過ぎないかは、腕を伸ばしてみると分かります。腕を伸ばした際にシャツが腕に巻きつく感覚がある場合は、幅が狭過ぎるというサインになります。

四つ目はシルエットです。自分では確認しづらいかもしれませんが、鏡の前に立って横から背中のラインを見てください。背骨に自然に沿うかたちになっていますか？　身体を中央で支える背骨は、側面から見ると緩やかなS字カーブを描いています。スーツを着たときにも、側面から見て背中の曲線がS字形になっているのが理想的なのです。

後ろからもチェックしてください。不自然な縦ジワや横ジワができていませんか？　横幅があり過ぎるときは縦ジワが、小さ過ぎる場合は横ジワができます。背中に縦ジワや横ジワがいくつも見られるスーツは、身体に合っていない証拠なのです。

ショップで異なるタイプの既製スーツを一〇着程度試着してみて、それでも背中にシワが見られる人は、特殊な肉付きや骨格をしているのかもしれません。いまは既製品とほぼ同じ価格帯でカスタムスーツを作ってくれるお店がたくさん出てきています。ぜひ、オーダースーツに挑戦してみてください。

五つ目は、シャツです。ジャケットのなかに着ているシャツが、ジャケットの襟元と袖口から一センチから一・五センチ程度出ているかどうか確認してください。シャツはもともと皮脂や汚れからスーツを守るための下着としての役割を持っています。スーツを保護するためにも、シャツがスーツよりも出ていることは鉄則です。

重たい色で覆われた上半身から、白色がさりげなく見えるだけで、清潔感も感じさせます。また、首にジャストフィットしたものを選びましょう。

この五つのポイントは世界共通のルールです。日頃からスーツを着て仕事をしている人は、しっかりと押さえておいてください。

同じ業界で一流の人をチェック

日本人のビジネスパーソンは、海外で、よく「個性が感じられない」「こだわりが感じられない」などといわれます。なぜそのような評価をされてしまうのでしょうか？　おそらくそれは、「スーツは制服」程度にしか思っていない人や、いまだに自分のスタイルが確立されていない人が多いからではないでしょうか。

流行のものや店員や家族から薦められたものを買うという傾向は、リクルートスーツ選びの頃から始まっています。二〇一七（平成二九）年、大学生協が関東の大学生を対象に行った調査では、リクルートスーツを自分自身で選んだ人はわずか六％しかおらず、八八％の人たちは親に付き添ってもらいながら選んだ、といいます。この服選びを他者に委《ゆだ》ねる傾向は、大人になってからも続きます。

丸の内にある人気のセレクトショップや銀座の百貨店で店員さんにお客様の傾向を聞いてみると、こだわりや明確な目的を持ってスーツを買い求める人は全体の二割にも満たず、ほとんどの人は店員さんの意見を聞いて買うそうです。

このように、社会に出てからも、スーツを買うときにはショップの店員さんに「お任せ」で選ぶ人も少なくありません。もちろん初めのうちは第三者の客観的な意見を聞いて買うのは悪いことではありません。しかし、いつまでも人のアドバイスばかりに頼るのはいかがなものでしょうか。

確かに日本のアパレルショップの店員さんのきめ細やかな対応は、世界から見ても素晴らしいレベルだと思います。しかし、なかには経験の浅い店員さんもいて、お客様の属する業界のルールを考慮せず、見栄えの良さだけでアイテムを薦めてくる人もいます。

社内外で自らが求められる役割を知っているのは、皆さん自身です。自分は普段どのような相手と仕事をし、どのような場所で、どのような役目を果たさなければならないのか、今後どのようなキャリアを目指していくのか……それらを総合的に考えたうえで、最もふさわしい身なりを自分で選び出せるようになりましょう。

読者の皆さんのなかにも、ファッション雑誌やネット上の情報を見てトレンドや着こなし術を熱心に研究している人もいるでしょう。しかし、何万部と売れている人気のファッション雑誌であっても、いまだに間違った情報が掲載されていることがあるので注意が必要です。ネット上の情報には、より注意したほうが良いでしょう。

「何が本当に正しくて、何が間違っているのか」をきちんと見極めるためには、情報源を一つに絞らず、できるだけ幅広く情報を集めることが大切です。たとえばビジネスパーソンなら、同じ業界で一流と呼ばれる人たちの「装い」をチェックしてみましょう。

自分の業界以外の人に目を向けることも大切です。新聞やテレビで首脳会談やサミットの様子が取り上げられていたら、各国の首脳たちの着こなしを見てみましょう。街中で、気になる人の服や着こなしを観察してみるのも良いでしょう。

百貨店や専門店の近くを通りがかったら、店に入って一番値が張るものを見てみましょう。いろいろなスーツに袖を通してみるのも良いことです。特に鞄や靴は、良いものを繰り返し見ておくことで、値札を見ずとも、その違いがすぐに分かるようになります。

そして「装い」に関して疑問に思ったことは、すぐにネットや書籍で調べたり、あるいは信頼のおける店員さんに確認しましょう。面倒なことかもしれませんが、これもビジネスにとって必要な情報だと捉える姿勢が大切だと思います。

装うことに関する努力を怠れば、間違った情報を与えられても気づかない、または疑問さえ抱かない、恥ずかしい裸の王様になってしまうことでしょう。

世界で笑われるブラックスーツ

近年、ようやくリクルートスーツをやめようという議論が出てきましたが、リクルートスーツの色といえば、いまだに黒が定番になっています。先ほど紹介したアンケート調査によると、最近の就活生に選ばれるスーツの色は、八割が黒色だというデータがあります。

では、黒のスーツが就活の定番となった理由は何でしょう？　もともと礼服で使われているこの色がビジネスの場でもフォーマルに見えるということで、一時的に流行し、それがそのまま「就活=黒のスーツ」に定着した、ともいわれています。

ただ、「装い」において黒というのは「非日常感」や「特別なもの」を表す色です。そのため、ビジネスシーンにふさわしくない黒のスーツを、ビジネスの入り口である就活の場で着るのは疑問です。

これから社会に出て、新しい課題に挑まなければならない若者たちが、一斉に無個性の黒のスーツに身を包んでいるのを見ると、「人と異なることをするのが怖い」「黒さえ着ていれば大丈夫」という安易な考えが透けて見えて、何だか残念に思います。「自分の頭で答えを導き出せる社員を求む！」などと掲げる会社側も、黒以外のスーツを着た個性的な就活生を許容する雰囲気に乏しいような気がします。

「保守的」な「堅実さ」が求められるのか、「個性的」かつ「柔軟性」が求められるのかは、業界によって異なります。この空気を読み取る力こそ、就活では厳しく見られても良いのではないでしょうか。

アパレルショップの店員さんは「黒なら冠婚葬祭にも使える」と薦めているようですが、結婚式に黒色のスーツを着て列席する日本は珍しい例です。

海外で黒のスーツといえば、お葬式かフォーマルパーティで着る色。黒色のスーツを一様に身にまとって説明会の会場へと入っていく日本の就活生の姿は、海外から訪れた人々の目には喪服を着て葬儀に参列する姿と重なり、非常に奇妙に映るようです。

そんな日本には「日本独自の略礼服」が存在します。慶事には白のネクタイを着け、弔事には黒のネクタイを締めるだけで参列できる、何とも便利な服です。この略礼服は、戦後まだ日本が困窮していた時代に、「ネクタイさえ換えれば慶弔の両方に使える便利なスーツ」ということで国内のメーカーから販売されたのが最初だといわれています。

しかし欧米では、黒というのは喪《も》の色です。一般的な結婚式では、チャコールグレーが主流になりつつあります（地域や気候によっては、ライトブルーやベージュのジャケット姿も見られます）。友人や知人の結婚式のようなおめでたい場所には、ダークスーツで列席するのが基本。黒のドレスで列席したら関係者から顰蹙《ひんしゅく》を買ってしまうので、くれぐれもご注意ください。

高級スーツも一日二〇〇円と考え

「ニッポンのビジネスマン、なんで服に関心ないんやろ」

二〇一七（平成二九）年、伊藤忠商事の岡藤正広《おかふじまさひろ》社長が「ＮＩＫＫＥＩ　ＳＴＹＬＥ」のインタビューで語ったこの発言は、ネットで激しく炎上しました。ネットの批判のほとんどは、「洋服に関心がないのではなく、お金をかけられないのだ」という声でした。

二〇一四年に総務省統計局が発表した全国消費実態調査によれば、働いている単身男性は一ヵ月に平均六六二三円を「被服及び履物」に費やしているそうです。

一ヵ月に平均六六二三円ならば、一年で七万九四七六円。これはスーツが一〜二着買えるかどうかの金額です。「今の春夏物だって二〇着以上買っているんだよ」という岡藤氏の発言がＫＹと捉えられても、それは仕方のないことなのかもしれません。

マーケティングリサーチ会社「ＤＩＭＳＤＲＩＶＥ」が六三六六名を対象に行ったスーツに関する調査結果では、六六・四％の人がスーツの購入価格を三万円以下と答え、持っているスーツの数は、三九・四％の人が三〜五着と回答、一〜二着の人が二六・七％となっています。

ビジネスパーソンのお財布《さいふ》事情はそれぞれですが、一般的なビジネスパーソンの平均収入や生活を考えると、スーツにはお金をかけられないというのが実情だと思います。

しかし、あまりにも安っぽいスーツを着ていると、その人の価値観に問題があると評価されかねませんし、「装い」に関する劣等感は、心の萎縮にもつながります。たとえ資金が限られていても、最初のうちは買える数が少なくても、できるだけ良いスーツを買う。そして買ったときの体形を維持しながら、できるだけ長く着るというのが、最もコストパフォーマンスの良い方法ではないでしょうか。

仕立ての良いスーツは、着る者に適度な緊張感を与えてくれますし、モチベーションも高めてくれます。この見えない価値に対して、投資を惜しむべきではないでしょう。

イメージコンサルティングを受けに来られるお客様から、「いまの自分にふさわしい価値のあるスーツとはどのようなものですか？」と聞かれることがあります。答えはお客様の年齢や職業、あるいは立場などによって異なるのですが、「月収の二割」が一つの目安になるでしょう、とお答えします。

月収二〇万円の方なら四万円前後。月収三〇万円の方なら六万円前後、というように月収の二割を投資すれば、その立場にふさわしいスーツを手に入れることができるでしょう。

四万円台のスーツはセレクトショップではなかなか見つけにくいものの、洋服の青山《あおやま》、AOKI、はるやま、紳士服コナカ、ザ・スーツカンパニー、パーフェクトスーツファクトリー、スーツセレクト、オンリーのような量販店であれば、比較的広い選択肢のなかから選ぶことができるでしょう。

六万円台のスーツであれば、トゥモローランド、エディフィス、ビームス、シップス、ユナイテッドアローズなどのセレクトショップで選ぶことも可能です。それ以上予算のある方なら百貨店、また一流ブランドもターゲットとなるでしょう。

気に入ったスーツが予算を大きく超えている場合は、次のように考えてみましょう。たとえば一〇万円もする素晴らしいスーツに出会ってしまったが、予算からは五万円もオーバーしている――こんなときは、コストパーウェアリング式というやり方で考えてみるのです。

このコストパーウェアリング式とは、スーツの価格を着用回数で割り、一回当たりのコストを計算してみるというものです。たとえば一〇万円のスーツを週に二回着れば、一年で四八週働くと考えれば九六回着ることになります。このスーツを五年間着れば、五年で四八〇回。一回あたりの着用コストは、約二〇〇円。二万円のスーツを一年で着倒したのと、ほぼ同じ価格になります。

この一回あたりのコストを出したときに、その価値があると感じたのなら、ぜひ買っていただきたいと思います。

良いスーツというのは、一〇年たっても型崩れをすることがありません。目先の数万円のコストを惜しむよりも、少々無理をしてでも、次のポジションにふさわしいスーツを選んではいかがでしょうか。「いまの自分に合うスーツよりも、次のステップに合うスーツを選択すること」――これは、欧米のイメージコンサルタントがエリート候補の若者たちに必ず伝える教えです。

文豪バルザックの警句

一九世紀のフランスを代表する小説家のバルザックが、「服装に関する無関心は精神的自殺に等しい」という有名な言葉を残しているように、欧米のエグゼクティブたちは、自分たちの「装い」に強いこだわりを持っています。

そのぶん、他者の「装い」もよく観察しています。たとえばオフィスでもパーティでも、相手の「装い」のなかに素晴らしいと思える点があれば、男性に対しても女性に対しても、平等に惜しみなく褒《ほ》めてきます。

「他人に認めてもらいたい」というのは、人間なら誰しもが持つ基本的な欲求です。その欲求を最初に満たすことが、その後のコミュニケーションの潤滑剤になることを、エグゼクティブたちは十分に心得ているようです。

その際によく話題にされるのが、相手の身に着けているネクタイや靴でしょう。興味がそそられるものを見つけたら、すかさず「素敵なネクタイですが、どちらのものですか？」などとストレートに質問してきます。

日本人の、特に男性は、日頃から相手の持ち物について褒め合う習慣がないため、突然褒められたりすると気恥ずかしくなる人が多いようです。が、自分の持ち物について褒められたときには、変に謙遜したりせず、相手にさらに興味を抱かせるような話ができることも大切です。その切り返し方からも、あなたの教養やユーモアのセンスが試されているのです。

一番残念な切り返しは、せっかく自分の持ち物を褒められても、「これは妻が勝手に買ってきたもので……」「お土産でもらったもので……はて、どこのものだったでしょう」などというものです。こうなったらもう、相手は興《きょう》ざめです。

自分が身に着けているネクタイが、実際に奥さんが買ってきてくれたものであっても、たとえば「うちの妻のコーディネートセンスは素晴らしくてね。彼女を信頼してネクタイ選びは任せています」などと一言添えると、聞き手の印象は大きく変わるでしょう。また、相手がこだわっていそうな点に目を付け、具体的に褒め返すというのも大切です。

私たちが、話し相手の情報で最も記憶に残るのは、予想を裏切るような意外なエピソードです。会話を楽しむ社交の場には、できることなら、そんなエピソードを語れるアイテムを一つくらい身に着けて行きたいものですね。このような会話の大切さは、名家で育った子供たちは本当によく心得ており、いざというときのために面白い話題をいくつも準備しているそうです。

大学生の頃、ニューヨークの由緒《ゆいしょ》ある家庭で育った友人宅に呼ばれたときのことです。夏休みでニューヨークに帰省していたハーバード大学とコーネル大学に通っている友人たちも来ていました。そこで、私がファッションについて勉強しているというので、当時とても人気のあったデザイナーの番組を一緒に観ることになりました。

その番組を観ながら私が驚いたのは、彼らの話題の豊富さです。ルネサンス期のファッションから現代のデザインの変遷《へんせん》、デザイナーの特徴などで、話がどんどん盛り上がっていくのです。私は衝撃を受けました。

私は当時、大学で服飾史について学んでいる最中でしたが、そんな私が驚いてしまうほど豊富な知識を披露《ひろう》してくる……そのときまで抱いていた「頭が良い＝勉強ばかり＝洋服には関心がない」という浅はかな偏見は、一気に吹き飛んでしまいました。

彼らは子供の頃から、「自分が身に着けるものに対して無知でいることは、自分の外見に責任を持たない人間である」という教育を受けています。そんな彼らには常識ともいえる知識なのでしょう。延々と話題の尽きない彼らを見ていると、一朝一夕《いっちょういっせき》で身に付けた知識ではないことが分かります。「なんで、そんなことまで知っているの？」と驚けば驚くほど、「こんなことで驚かれるなんて、むしろ心外だ」といわんばかりの表情を見せるのでした。

日本の大使を皮肉るフランス紳士

また、あまりにもいい加減な「装い」をしている人を見ると、わざと意地悪なことをいってくる人もいます。

以前、あるクラブが主催するレセプションパーティで、そのスポンサーの方から日本の大使を紹介されたときのことです。しばらく彼らと談笑していると、フランス訛《なま》りの英語を話す男性がこちらへ近づいてきました。その人の服装は、重厚なブリティッシュスーツに、同様なイギリス靴を合わせた正統スタイル。でも堅苦しくならないよう、無造作《むぞうさ》に見えながらも、ちゃんと意図して折り重ねたことが分かる優美なチーフを胸元のポケットに挿していました。

軽く挨拶《あいさつ》を済ませると、相手の目はさりげなく大使の全身をスキャン。足元から徐々に視線が上がり、ピタリとシャツに目を留めるや否《いな》や、「面白いシャツですね。それはいま、日本で流行っているのですか？」と聞いたのです。その大使のシャツは、襟の内側に、チェックの柄が入っていました……。

彼の質問は何気《なにげ》ないもののように聞こえますが、実は「あなたはご自分の立場が分かっているのですか？」と、意地悪なメッセージを込めていたのです。

質問の意図を理解できない大使は、戸惑いながら「流行ではないと思いますが……たしか、日本で買ったものです」と頼りなさげに答えると、フランス訛りの男性は片方の唇を軽く吊《つ》り上げながら一瞥《いちべつ》し、さっさと別のグループのほうへ去っていきました。「服装に関する無関心は精神的自殺に等しい」というバルザックの言葉が頭に響いた瞬間でした。

このようなフランス人の皮肉は、京都人のそれと何となく似ているような気がします。京都の老舗《しにせ》の料理屋さんでは、香水の匂いをぷんぷんさせて店に入ってくる人がいようものなら、「ええ匂いさせてはりますなぁ、どこの香水どすか？」などと尋ねます。繊細な料理を味わう店に、香水の匂いはふさわしくないと皮肉られているのですが、この質問に対し、まともにブランド名を答えるという野暮《やぼ》でも見せれば、お店を後にした瞬間、「二度と戻ってこんといて」と、お祓《はら》いをされてしまうことでしょう。

先ほどのフランス人のように、楽しむための場所で他人の服装にケチを付けるのはかえって野暮のような気もしますが、あらゆる場で身なりを採点されてしまうのも、まぎれもない事実です。それは社会的立場があろうとなかろうと同じです。

名刺《めいし》を介さず人間同士が向き合ったときに、自分が発するイメージに責任を持つのは、自分しかいません。ならば皮肉ではなく、興味や羨望《せんぼう》の目を向けてもらえるように、日頃から少しずつ「装い」を磨いていきたいものです。

本当に豊かな人の「装い」の哲学

階級社会の歴史的影響が根強い欧米では、どれだけお金があっても、全身をハイブランドの服や小物で固めたスタイルは、素敵だとはみなされません。

ニューヨークの高級住宅エリア、マディソンアベニューやパークアベニューと呼ばれる通りには、慈善事業に携わったり社会奉仕団体に属したりするソーシャライト（Socialite＝社交界の名士）が数多く暮らしています。そんな人々のなかには、一目でブランドものだと分かるような洋服を着ている人は、ほとんど見かけません。日本人から見ると意外なほど地味で、抑制された「装い」を実践しています。

ニューヨークで自己主張の強い「装い」をしているのは、ファッション業界や美容業界の人、アーティストやゲイなど、一部の人たちです。彼ら彼女らは、自分がファッションアイコンになることで立場を築いている、いわば特別な人たちです。アメリカの連続テレビドラマ「セックス・アンド・ザ・シティ」のような華やかな世界を期待してニューヨークへ来てみると、そんな人たちは見当たらずがっかりした、という声もよく聞きます。

というのも、経済的にも精神的にも豊かな本物のお金持ちは、ファッションで目立ったりすれば、余計な嫉妬を買うだけで、メリットなどないことを知っています。本当にステイタスのある人は、声高《こわだか》に自分のステイタスを主張しなくても、周りがすでに分かっています。ブランド品を身に着けて虚勢を張るなんて、最も品のないことだと思っています。

評価されるのは「おしゃれなファッション」ではなく「知性を感じさせるファッション」です。ラグジュアリーなものを、これ見よがしに身に着けるよりも、知性を使って、どこにでもあるアイテムをオシャレに着こなすほうが、本物のセンスを感じさせます。

またどれだけお金があっても、財力に任せて買い占めるなどということはしません。「これぞ」という一品を注意深く選び抜き、それをできるだけ完璧《かんぺき》に近いかたちで、自分流のスタイルに仕立てるのです。

完璧な「装い」は、心と経済力のゆとりを表します。知る人が知る老舗で、自分の身体や足にぴったりと合うジャケットや靴を作る、あるいは靴やネクタイのメンテナンスを怠らないなど、実に細かいところまで細心の注意を払うのが、彼らの特徴です。当然、靴のかかとの減りやジャケットのボタンのほつれなどは抜かりなくケアします。

男性であれば、高級ブランドのネクタイをただ首から垂れ下げているより、無名のネクタイでも結び目に美しいディンプル（くぼみ）を作ったほうが評価は上がります（ただしディンプルは、不祝儀《ぶしゅうぎ》の場ではふさわしくありません）。ボウタイ（蝶ネクタイ）では、レディ・メイドのものよりも、自分で結ぶタイプのほうが格は上です。

彼らにとって大事なのは、何を着るかということ以上に、どのように着こなしているか、ということです。モードやブランドに頼ることなく、シンプルながらも「装い」のなかにどれだけ独自性を生み出せているか――それこそが、その人のセンスの見せどころなのです。

あくまでも控えめながら相手の見識を測るような仕掛けをしていること、身に着けるものに対して自分なりのスタンスを持つこと……これらが本当に豊かな暮らしをしている人々の「装い」の哲学なのです。

ココ・シャネルの金言

各業界で一流と呼ばれている人ほど、本人のオーラだけで十分に、人々を魅了することができます。あえて服装で個性を出したり、おしゃれをしたりする必要などないのです。

私がニューヨークにいる頃に仕事を通して出会った世界的チェリストのヨーヨー・マや、

ヨーロッパの化粧品ブランドの会長、あるいは元国連事務総長などは、一見、何の特徴もないシンプルなシャツを、オーダーメイドで自分の身体にぴったり合うように仕立てています。襟の立て方や裾《すそ》の折り方に工夫《くふう》を凝らしたり、何気ないデニムスタイルをスカーフで洗練されたかたちに昇華させたりしています。このようなさりげない演出こそ、よく意識された、とても素敵な「装い」なのです。

ファッションブランドのシャネルのデザイナー、ココ・シャネルは、「ファッションとは上級者になるほど引き算である」という言葉を残しています。服が出しゃばるのは、本当のおしゃれではありません。着ている本人を引き立てる着こなしにこそ、その人の本物のセンスが表れるのです。

一流の人たちとの出会いをもたらしてくれたニューヨークの男性用服飾店で私が働いていた頃に、発見したことがあります。それは、「今度出席するガラ（特別な催し）用にカマーバンドが必要になった」と、必要に迫られて急いで準備する人たちには、あまり洗練された人はいないということです。

一方、ニーズに迫られたからではなく、コレクションを充実させるために新たなアイテムを買いに来る人には、自分のスタイルをしっかりと確立しているタイプが多いのです。一方で、必要に迫られて慌てて買うタイプの人は、先を見通す力が足りないのでしょう。

日頃から自分で洋服を管理している人や、今後何が必要になるかを戦略的に考えている人は、慌てて買いに来ることはありません。やはりファッションは、その人の思考回路をも示すものなのです。

端的にいえば、洗練された「装い」に必要なものは、「その服を着たときに他人の目に自分がどう映るか」を正しく判断できる知性と感性です。豊かな財力や数多くのアイテムではないのです。

平民として流行を作った人物

たとえ家柄にも財政的にも恵まれていない人でも、目をみはるほどの洗練さを武器にして、階級を飛び越えてしまうことがあります。その例として、自身の装う力で一躍、社交界のスターに登り詰めた人物をご紹介しましょう。亡くなってから二〇〇年近くたったいまでも「ファッションの権威」と呼ばれ続ける、ジョージ・ブライアン・ブランメルです。

ジョージ・ブライアン・ブランメル（通称ボー・ブランメル）は、一八世紀のイギリスに菓子職人の息子として生まれました。ごく一般の家庭で育ったボー・ブランメルですが、彼は「装い」に対して並はずれた強いこだわりを持っていました。

「シンプルさのなかにも究極のエレガンスを生み出すことこそが真の紳士のスタイルであ

る」と考えたボー・ブランメルは、毎日の身支度《みじたく》に数時間をかけ、出掛けたあとの部屋には、何十枚もの結び損ねたスカーフが広がっていたという逸話が残っているほどです。つまり、完成されたスタイルに到達しなければ決して外出しなかった、ということです。

その彼が「装い」のなかで最も大切にしていたのは、華やかさや煌《きら》びやかさでなく、簡素で乱れがないことでした。彼にとって装うことは「着る者自身の精神性」を追求することだったのです。

非の打ちどころのない完璧な姿で、ステッキを持ちながら優雅に街を歩くボー・ブランメル――それを見たイギリスの貴公子たちは、瞬《また》く間に彼に惹き付けられました。そして自分たちの社交場に招待するようになり、彼の崇高《すうこう》な美学にも心を打たれるようになります。

そこで「これはチャンス！」とばかりに有力者らに媚《こび》を売らないのがボー・ブランメルです。彼は、相手が皇太子だろうが貴族だろうが一切態度を変えることなく、ウィットに富んだ会話と刺激的な毒舌で、次々と人々を魅了していきました。

そんな洒落者は、王からも目をかけられるようになり、ついにはジョージ四世の側近として、またイギリス社交界のスターとして君臨します。

稀《まれ》なる美学と崇高《すうこう》なセンスで、イギリスだけでなくヨーロッパ中に名を馳《は》せたボー・ブランメルは、イギリスの貴族詩人バイロン卿に「ナポレオンになるよりもボー・ブランメルになりたい」といわせるほど、ファッションリーダーとしての権威を得ました。

通常、服装の流行は上層階級から下層階級に伝わりますが、このときは真逆のことが起こったのです。現代でもダンディな人物といえば、真っ先にボー・ブランメルの名前が出てくるほどで、彼の銅像は現在も、ロンドンのジャーミンストリートに立っています。

どれだけ外見を煌びやかに着飾ったとしても、その人の内面の美しさや精神性の豊かさを伴わない「装い」は、簡単に飽きられ、人々の記憶から消え去っていくでしょう。「装い」が洗練され、人々の心に届くものになるためには、内側から滲《にじ》み出る精神性が求められるのです。

無能を悟るとブランド品に頼る？

海外での爆買いは中国人に取って代わられたものの、日本人がブランドものに目がないのは、いまも相変わらずです。フランスのルイ・ヴィトンの店を訪れる客の七割は日本人だともいわれますし、フェラーリの二〇一六年の販売台数は過去最高記録を更新、国別内訳を見ると中国よりも多く、アメリカに次いでいるのが日本で二位です。

日本が世界第三位の経済大国であるのも一つの理由ですが、「手っ取り早く自分のステイタスを可視化するのに、とりあえずブランドものは効果的」「自分はファッションに自信がないから、とりあえず有名ブランドを身に着けていれば安心」「ブランドもののネクタイをプレゼントしておけば、とりあえず喜ばれるだろう」といった「とりあえず」ブランド依存の人が多いのも事実です。

欧米では、ブランド信仰の人たちに羨望《せんぼう》の目が向けられることはありません。ブランドというのは、もともと王族や貴族など特定の層に向けて作られたものです。ブランドものを持つならば、それに見合ったものを食べ、見合った立場を築き、ふさわしいライフスタイルを送るべきです。

ファストフード店へ高級ブランドのバッグを持っていく、靴は安物なのに数十万円するバッグを持っている……こんな身の丈に合わないブランド使いをする日本の若者の姿は、海外の人からは奇異に映ります。

ニューヨークでは、地下鉄のなかでブランドもののバッグを持っている人は、まず見かけません。いるとしたら、それは偽物のバッグの可能性が高いでしょう。なぜなら本物を持つような人なら、当然、自動車で移動しているからです。

たとえば欧米の高級ホテルで見られているのは、「何を持っているか」ではなく「どう扱っているか」です。極端な例をいえば、手入れのされていない高級ブランドの靴より、たとえ無名ブランドの靴でも、丁寧に手入れをされた靴を履いている人のほうが、評価は高くなります。ハイブランドのバッグを持っていても、服装が不適切であったり、フロントのカウンターにドンと音を立てて置いたり、バッグの格にふさわしくない立ち居振る舞いをする人は、粗末に扱われてしまうかもしれません。

ピカピカに磨いた高級なメゾンの革靴を履いて颯爽《さっそう》と歩いてみせても、パンツの裾がヨレヨレだったり、ネクタイの結び目がずれていたり、シャツの袖がスーツの袖から正しい長さで出ていなかったりすると、そのアンバランスさから、逆に「この人は自分を俯瞰《ふかん》できない詰めの甘い人だ」と評価されるでしょう。

それほど高価なものではなくても、清潔感があり、細部まで丁寧に手入れをされたものを身に着けている人のほうが、評価が高くなることは間違いありません。そういう人は、自分の目で選んだ良質なアイテムを、味が出るまで長く利用します。

自分がこだわり抜いて磨き上げたアイテムには、値段からは推し量れない深いストーリーが積み重なり、次第に風格さえ立ち現れてくるでしょう。

すると、まるでその人のために作られた服や靴ではないかと思えるくらいのモノになります。こうした人とモノとの関係性は、その人自身が日頃から意識して培《つちか》っていくものなのです。

ここで一つ、興味深い研究結果を紹介しましょう。アメリカのノースウエスタン大学の実験によると、人は何かに失敗したり、好きな人に振られたり、能力のなさを実感したりしたときなど、自分自身に無力感を感じているときほど、ステイタスの高い商品を求める傾向が強まるそうです。しかも、何か大きな出来事があったときだけではなく、日常で自分の過去を思い出したりして無気力になったときにも、同じ傾向が表れるといいます。

いい年をして、全身をブランド品で固めているような人は、「自分の浅薄《せんぱく》さをブランドの力を借りて補っています」といっているのと同じ。ブランドの力で見る人にステイタスを感じさせようとするような浅はかな考えは、衣服と真剣に向き合っている人間の目からは簡単に見破られてしまいます。

服を着た「裸の王様」

昨今、「装い」に関するルールは、無秩序になる一方です。雑誌は次々に新しいルールを打ち出し、五年前ならとんでもないようなスタイルを、「これがこの春の定番」などと断言しています。また、市場は利益ばかりを追求し、常識では考えられないようなデザインの服を、話題作りを兼ねて次々と発売します。

すべての洋服の仕様には、さかのぼれば、そのすべてに理由があります。それを知っていれば「おかしなデザイン」のおかしさを見抜くことができるはずですが、知らない若者たちは「このデザインは何だか変わっていて面白い」といって、奇抜《きばつ》な洋服に手を出してしまいます。「このスーツは人気ですよ」と店員に薦められれば、おかしさに気づかずに購入してしまいます。こんな若者たちによってアパレル市場は潤い、そしてまた「おかしな」服が店頭に並んでしまう……そんな悪循環ができ上がっているようです。

皆さんも一度はどこかで見かけたことがあるでしょう。歩くたびにお尻が丸見えのジャケットを着ているビジネスマン。短い丈のジャケットは、もともと女性のジャケットに倣《なら》って有名ブランドがモード用に作り出したもので、ビジネスシーンには適しません。

お葬式にボタンダウンシャツを着たり、ネクタイの結び目にディンプルをつけて参列する人。結婚式にタキシードとベルトを着けてしまう人、あるいはクリースラインと呼ばれる縦線の折り目のないパンツや、ボタンホールが色糸でステッチされたシャツを着て列席する人。冠婚葬祭の場に茶色の革靴を履いてくる人。就職活動で、黒のプラスチック製のボタンがついたシャツやピークドラペルと呼ばれるフォーマル用の襟のスーツを着ている学生……。

どこかおかしく見えるのだけれど、じゃあ何が正しいのかと問われると、きちんと説明できない。そんな人が意外に多いのではないでしょうか。知識が不十分ということもありますし、たとえ間違いに気づいても、指摘するのはちょっと、という人が、日本人には多いのかもしれません。

いつもすぐ隣にいる副総理の麻生太郎《あそうたろう》氏が安倍首相に、「スーツにローファーの靴を合わせてはダメ（後述）ですよ」と指摘しないのも、この日本人の気質が関係しているのでしょうか。

これだけ多くの情報がメディアに溢れているのですから、正しい装い方を学ぼうと思えば、すぐにでも学べるはずです。しかし、トレンドやブランドには興味があっても、「装い」に関するルールに興味を持つ人は、まだまだ多くはないのかもしれません。

日本のビジネスマンを日々観察してみてのことですが、八割近くの人たちが何らかの着こなしのミスを犯しています。これは誇張した数字ではありません。証拠として、この本を読んだあとにぜひ、通勤電車に乗っているビジネスマンを、端から端まで見渡してみてください。右も左も、間違った着こなしをしている人だらけということに気づくでしょう。

本来ならば一センチ程度出ていなければならないシャツの袖が、スーツの袖から一ミリも出ていない人（安倍首相もよくやっています）。スーツの後ろ襟のなかにシャツが埋もれてしまっている人。本来ならばベルトのバックル（留め具）に当たる長さであるべきネクタイが、ベルトを通り過ぎてファスナーの位置まで伸びきっている人（先述の通りトランプ大統領もそうですが）。ベルトの先がウエストに収まりきらず垂れ下がっている人。胸ポケットに携帯やミントや名刺ケース、あるいはペンなどを何本も差し込んでいる人。一時期、流行った先のとがった靴をいまだに履いている人。本来は何も入れるべきではないお尻のポケットに財布や携帯を入れている人。

……銀座、丸の内、新橋で観察していると、ビジネスマンの八割近くがこういう人たちで占められているのです。

何より残念なのは、みんなが同じように間違っているので、誰も自分がおかしい着こなしをしているということに気づかないことです。右も左も服を着た「裸の王様」ばかりなのです。

先述の通り、すべての洋服の仕様には、さかのぼれば、そのすべてに理由があります。この原理原則を理解したうえであえて崩すことと、知らずに間違うこととでは、雲泥《うんでい》の差があります。他人の「装い」をただぼんやりと観察しているだけでは、本当のルールは身に付きません。もちろん経験の質も、判断力の精度に関わってきます。

欧米のエリートにスーツを仕立てる人が多いのは、細かなディテールの名称や役割、あるいはスーツに使われる生地の良し悪しなどを、しっかりと理解できるようになるためです。若い人ほど多く仕立てるのは、それを学ぶことの価値を感じているからでしょう。

ですから、皆さんも「装い」のレベルを上げたいのであれば、まずはご自身のスーツを正統派の店で一着作ることが近道です。その経験を通じて得られるものは、街中で行き交う人々を観察するよりもはるかに多く、価値のあるものになるでしょう。

ドレスコードを知らない日本人

普段から着こなしに気を配っている人は、ＴＰＯに合わせて「装い」を変えることができます。普段からあらゆるシーンに対応する「装い」を用意しているため、あわてて用意する必要もありません。

しかし日本人は、ドレスコードの体系的な知識を持っている人が多くはありませんし、ドレスコードという言葉自体に拒否反応を示す人も少なくありません。いざドレスコードにのっとった装いを求められても、その場その場の対応で済ませてしまえば、知識が深まることもないでしょう。

ドレスコードは、何もパーティや式典だけに限ったものではありません。たとえば、パリのオペラ座やニューヨークのリンカーンセンターを訪れるなら、たとえチケットにドレスコードが示されていなくても、それなりの服装で出掛けるのが常識です。なぜなら、バレエやオペラは、最高峰の芸術を味わえる場。非日常を楽しみに行くところなのですから、ジーンズやスニーカーで出掛けるのは、周りのお客様に対しても失礼です。

ホテルやレストランも同様です。海外のリゾートに行くと、羽を伸ばし過ぎて思い切りリラックスした服装をする人を見かけますが、このような客は、どれだけお金があっても敬遠されます。その人にだけ露骨に対応を変えるところさえあるでしょう。伝統ある寿司屋や格式ある料亭に、外国の人が短パンとビーチサンダル姿で行くのと同じことと考えればいいのかもしれません。

リゾートではサンダルで移動することが多いのですが、そのままホテルのメインダイニングへ行ってしまえば、だいたい入店を断られるでしょう。クラブラウンジにTシャツや短パンで行くのもやめましょう。

たとえ季節が真夏であっても、自分がお金を払う側であっても、海外ではその場所に求められるスタイルというものが存在するのです。相応の扱いを望み、楽しい思い出を作りたいのなら、暗黙のルールであっても、それはきちんと守らなくてはなりません。

ですから旅先では、同じカジュアルでも、ある程度は品のあるカジュアルスタイルを心がけましょう。カジュアルかフォーマルかで迷ったときには、フォーマルを選んでおけば間違いはないでしょう。

リーマンショック後にNYでは

ニューヨークやワシントンのように、さまざまな国籍や人種の人たちが混在する街には、多様な価値観が存在します。だからこそ、相手の地位や本質を見抜かなければならないときには、一番分かりやすい「外見」が有効な判断材料となるのです。

私が駆け出しのコンサルタントとして仕事を始めた頃、経験豊かな上級コンサルタントから、「自分の立場や専門性が何であるか、一目で分かるような服装をすることは、自分のためではなく、相手への配慮なのである」と教えられました。

欧米のビジネスシーンでは、日本のように初対面の相手と名刺交換から始めることは稀です。そのぶん、人の「装い」が最高の非言語コミュニケーションツールとなり、名刺以上に社会的立場の証し、信頼の証しになるのです。

当然、着る人の実績と身に着けるもののクオリティが釣り合っていなければなりません。会社を代表する立場であれば、その立場にふさわしいクオリティの「装い」と洗練された「振る舞い」が求められます。一方で、たいした役職に就いているわけでもないのに、ブランドもので身を固めている人や、肩書はあっても「振る舞い」が相応でない人は、評価を落としてしまうでしょう。

日本では、新入社員の研修で初歩的なマナーを教えてもらうだけですが、欧米では、社会的立場が上がるにつれて、その立場にふさわしい「装い」や「振る舞い」の指導を、たびたび受けます。会社を通して受けられる研修もありますし、個人で受ける場合もあります。

イメージコンサルティングサービスを受ける場合、ニューヨークの相場は一時間二五〇〜三五〇ドルです。これを高いと捉えるか安いと捉えるかは人それぞれですが、ニューヨークのビジネスパーソンがどう捉えているかを示すエピソードを、一つお話ししましょう。

世界経済を揺るがしたあのリーマンショック（二〇〇八年）のときです。多くの人々が仕事を失い、自分もいつ職を失うかと誰もが不安に思う状況で、イメージコンサルティング業界はどんな影響を受けたと思いますか？

実は、リーマンショックの直後、イメージコンサルティングの需要は減るどころか、急激に高まったのです。あの厳しい状況において、ニューヨーカーは、自分への投資を控えるどころか、むしろ積極的になっていたのです。

あらゆる手段を使って自分を磨き、少しでも価値を高め、他者と差別化して生き残る——そんなアグレッシブなニューヨーカーの姿を、私は目《ま》の当たりにしたのです。

見た目は収入に直結する！

人生の大切なときにイメージコンサルティングを受けることも、自分を奮い立たせてくれるパワースーツを購入することも、いずれも自己投資です。でも特別なときだけでなく、日頃から自分のメンテナンスに努力を惜しまないのが、ニューヨークのエリートビジネスパーソンたちです。

二〇一六年一一月、ニューヨークに着いた翌朝の五時半頃、私はぼんやりした頭をリフレッシュさせるために散歩をしていました。そうして通りがかったスポーツジムをのぞき込むと、そこでは多くの人たちがワークアウトをして汗を流していました。年齢や見た目から判断しても、そのあと仕事にいくビジネスパーソンたちでしょう。

まだ夜も明けきらぬ薄暗い光のなかで、額に汗を流しながら颯爽《さっそう》と運動をしている人がこんなにもいるなんて！　タフなニューヨークのビジネスシーンを生き抜く人々の、隠された姿を垣間《かいま》見《み》た気がしました。

筋トレは肉体的な強さを高めるだけでなく、ストレス耐性を強めることにもつながります。「筋肉がある＝ストレスに強い」ということにもなるのです。

健康を維持することはトップの役目です。いつまでも若々しく会社を引っ張っていくため、身体を動かすことは、彼らにとっては仕事の一つなのでしょう。ですから健康を害する喫煙も個人のイメージダウンにつながり、「喫煙者と肥満者はエグゼクティブになれない」といわれるほどです。

実際、歴代アメリカの大統領を見ると、ドナルド・トランプ氏を除き、肥満型の人は一人もいないことが分かるでしょう。オバマ氏もオフの日にビーチで撮影したショットのなかでは、六つに美しく割れた腹筋（シックス・パック）を披露していました。

ヨーロッパの大統領たちも、頻繁に運動をする姿をメディアに見せています。ロシアのウラジーミル・プーチン大統領も、その厚い胸板や上腕筋を強調するピタピタの白いTシャツを着て、マシーンでストイックに身体を鍛える姿や、プールで颯爽とバタフライをする姿を公開しています。トラを抱きしめたり、柔道で自分よりも身体の大きい相手を次々に投げ飛ばす姿を放送させるのも、強靭《きょうじん》な強さを印象付けるためでしょう。

イギリスで最長の首相在任期間を持つマーガレット・サッチャー氏も、二週間で九キロも落とすというストイックなダイエットを行ったことがありました。

イギリス初の女性首相となれば、当然、メディアへの露出も増えます。マーガレット・サッチャー財団のサイトによると、氏は自分の印象を最高のものにするため、肉や穀類を一切とらず、卵を一日六個食べて体重を落としたといいます。二週間で九キロも痩せるなんて、それだけで彼女のストイックさが伝わってきます。

肥満型の人が職を得られにくくなったのは、自分の体形も管理できないような自己抑制力のない人は、仕事も疎《おろそ》かになるだろうと考えられてしまうからです。

トランプ氏はファストフードが大好きで、ゴルフ以外はほとんど運動をしないと公言しています。「演説の際に見せるジェスチャーが唯一の運動だ」などと発言するほどです。

低所得者層の人々は、引き締まった体形を維持し、いかにも高級そうなスーツを身にまとっている人に対し、鼻持ちならないエリートだと感じるようです。トランプ氏にとっては、こうした低所得者層の人たちの心をつかむには、太っていて、運動不足で、不健康そうであるという事実は、むしろ効果的なことなのかもしれません。

欧米では「体形でその人の社会的地位を判断する」といってもいいほど、体形は人の印象形成に大きな影響を及ぼします。お腹が出ていて、ずんぐりむっくりの体形は、欧米では労働階級に多い体形とされます。しかし残念なことに、日本の政治家は、熟年になればなるほど体形が見事に肥満型になっていきます。世界から見ると、とても尊敬されるものではありません。

その職務を果たすのに十分な体力があり、強いストレス耐性があるということを国民に伝えるのは、リーダーの仕事の一つ。見るからに不健康で、生活習慣病を抱えていそうな人が首相や大臣といった国のリーダーならば、国益にも関わります。

外見は悪いが十分な実績があるのだから問題ない、などと悠長なことはいっていられません。実績を知らない人が、「この人がリーダーに違いない」と感じる外見が必要になるのです。

外見の良し悪しが選挙結果に大きな影響を及ぼすことは、数々の研究で証明されています。外見は政治だけでなく、就職や転職、昇進にも大きな影響を及ぼすことも分かっています。労働経済学の権威であるダニエル・S・ハマーメッシュ氏の研究では、外見の魅力の差で生涯年収が二三〇〇万円以上も変わるという事実が示されているほどです。

見た目でこれだけの差がつくのであれば、一般のビジネスパーソンも、ジムに通って肉体を鍛え、体形にフィットしたスーツを身にまとってアピールすべき。そう、自分の見せ方を、もっと意識するのです。

日本人の歯並びを考える

さて、日本は第二次大戦後、一九六〇年代から長寿国の仲間入りをしましたが、歯の美しさや健康に関する意識は、欧米に比べて高くはありません。たとえば多くの人にとって歯医者さんといえば、歯を治療するための場所です。虫歯や知覚過敏など、何かしら日常生活に不便さを感じてから行くことのほうが多いでしょう。

ところが欧米では、歯医者さんは、検診で定期的に通うところです。私がアメリカに住んでいた頃、同僚や周りの友人たちは、年に二〜三回は歯医者に通い、検診を受けるだけでなく、クリーニングも受けていました。

それは、美しさのためだけではありません。あくまで仕事の一環として、なのです。というのも、欧米では体形だけでなく、グルーミングにおいても自己管理能力が問われています。自分が身に着けるものだけでなく、自分自身を清潔に保つことも、プロフェッショナルの義務。これを怠っていると、自分のことさえきちんとメンテナンスできない人が大きな仕事を管理できるわけがない、と考えられてしまいます。

安倍首相をはじめ、我が国の歴代首相の口元を写真でチェックしますと、黄ばんでいて、歯並びの悪さも目立っています。政界で最もパワーのある人たちが、このような状況です。黄ばんだ歯は、年老いて不健康そうに見えます。また歯を衛生的に保つ時間とお金、そして気持ちの余裕がないことを表します。

あえていうならば、歯を美しく清潔にすることは国のトップの義務だとさえいってもいいでしょう。

アメリカでは、大統領をはじめエグゼクティブらのポートレイト写真を見ると、みな真っ白で、輝く歯を見せて笑顔を作っています。オバマの真っ白な歯、そして美しい歯並びに対しては、誰が見ても心地良く感じるでしょう。白い歯は、健康や活力、あるいは誠実さを感じさせる力を持っているのです。

歯が美しければ、自信を持って笑顔を作れるようになります。笑顔の数が増えれば、精神面でも明るい気持ちになれます。極端に聞こえるかもしれませんが、歯の美しさは、その人のメンタルをも左右するのです。

日本では歯の治療に公的な保険が使え、比較的出費を抑えながら適切な処置を受けることができます。歯医者さんの数もコンビニより多いといわれるなかで、歯のメンテナンスを怠る理由はありません。歯並びが悪いから笑顔を作れないまま一生涯を過ごすなんて、何ともったいないことでしょう。

子供の歯をケアするのは親の役目——そう考えられている欧米では、大人になってからも歯並びの悪い人は「育ちが悪い人」「治す財力のない人」「他人からどう見られるかに無神経な人」と受け取られかねません。

また、大人になっても放置されたままの八重歯《やえば》は、欧米ではドラキュラを連想させるため、一般的には好ましく思われません。今後、活躍の場を海外へ移したい人は、早いうちに直しておいたほうが良いでしょう。

歯への意識が高い欧米とは対照的に、なぜ日本では、歯のケアに対する意識が高まらないのでしょうか。その要因の一つなのではないかと思われる研究結果を、ここでご紹介したいと思います。

日本人はコミュニケーションをとる際に、相手の瞳《ひとみ》を中心に見つめる傾向があります。嬉しいのか悲しいのか、感情を読み取る際にも、相手の目の表情を手がかりにします。が、口元はあまり注目しないようです。一方、欧米では、口元をよく見るそうです。

アニメーションを想像していただけたら分かりやすいでしょう。日本のアニメは目ばかりが大きく、口元はちょこんとしか描かれていませんが、アメリカのアニメは目がちょこんとしていて、口元が大胆に描かれています。

相手の顔に対して注目する場所が異なれば、自分の顔に対して意識する場所も変わってきます。日本人は自分が相手の歯に注目していないので、相手からもさほど見られていないだろうと考え、歯に対するケアを重視してこなかったのかもしれません。

そんな日本でも、二〇〇五（平成一七）年頃から、徐々に綺麗《きれい》な歯や健康な歯への意識が高まってきました。審美歯科の数も増えてきていますし、クリニックでホワイトニングを受ける人たちも増えてきています。ホームホワイトニングのグッズも普及してきましたが、活用しているのは、二〇〜三〇代の若者が中心だと聞きます。

若い頃から意識するのはいいことですが、黄ばみが強くなる熟年層こそ、もう一度若々しい印象を取り戻すために、ホワイトニングに挑戦していただきたいものです。

歯や歯茎《はぐき》の色、そして口臭は、その人の健康状態を表すバロメーターでもあります。臭いは、糖尿病や肝機能の低下、胃腸の病気、便秘、自律神経失調症のサインでもありますから、口臭が気になる人は早めに治療を受けたほうが良いでしょう。

ニューヨークやワシントンのエリートたちは、身だしなみを整えることに高い意識を持っています。街中のいたるところに靴磨きがいることも、それを示しているでしょう。

そして爪も、歯と同様、健康と心の余裕のバロメーターです。エリートたちは、どれだけ忙しくても、休みの日にはネイルサロンへ通い、清潔で健康的に見えるよう爪を磨いて整えます。

口元から爪先、シャツの襟の収まり具合からパンツの裾の状態にまで気を配った、完璧な「装い」は、相手への気遣いと敬意を表していることの証しです。さらには「自分は細部まで気を配れる人間だ」という抜け目のなさを伝えることにもなります。

実は問題外の日本のクールビズ

二〇一二（平成二四）年に環境省が出した「環境省におけるクールビズの服装の可否」という文書では、「ノーネクタイ」「ノージャケット」「半袖シャツ（ポロシャツも含む）」「チノパン」がクールビズの装いの基本と書かれています。多くの職場でクールビズが採用され、クールビズはビジネスウェアの多様化を促しました。しかし、涼《すず》しさをもたらすはずの服装が逆に、見る側に不快な暑苦しさを感じさせるケースもあるようです。

蒸《む》し暑い日本の夏、スーツやタイを着用するのは確かに暑苦しいものです。そのためのクールビズですが、その際に大切なのは、自分が涼しくなることだけでなく、見ている相手も爽《さわ》やかに感じることです。涼しげでありながらも、服で礼儀を表現することを忘れてはなりません。

このクールビズですが、まるで海外から取り入れたアイデアのように響いて聞こえます。しかし、羽田孜《はたつとむ》元首相の半袖スーツが印象に残る省エネルックは、第二次オイルショック（一九七九年）に際して大平正芳《おおひらまさよし》内閣で提唱されたものですし、現在のクールビズも小泉《こいずみ》純一郎《じゅんいちろう》内閣が二〇〇五（平成一七）年に提唱したもので、日本特有のものです。海外で通用するものではありません。

欧米で生まれた紳士服であるビジネスウェアは、厳格なルールを持っています。カジュアル化が進むアメリカでも、そのルールから大きく外れることはなく、エリートたちは、変わらずネクタイとジャケットを基本にしています。その代わり、ジャケットは吸湿放散性に優れたものを着用します。

なぜ暑いのにジャケットを着るかというと、本来シャツは肌着としてとらえられており、人の目におおっぴらに見せるものではないからです。長袖シャツこそが正統とみなされている欧米では、日本人の半袖シャツは、間が抜けて感じられます。

確かに高温多湿な夏の時期に、長袖シャツを着て働くのは辛いというのは分かります。イメージコンサルティングを受けられるお客様のなかにも、「ジャケットを羽織《はお》るのだから、なかに着るシャツは半袖でも良いのではないか？」と聞く方もいらっしゃるのですが、残念ながら答えはノーです——。

スーツ発祥の地であるヨーロッパでは、ジャケットの下に着るワイシャツは、基本的に長袖。スーツの袖からシャツが一センチ程度出ているのが着こなしのルールですから、ビジネスの場で半袖シャツを着るという選択肢はありません。

どうしてもノージャケットで半袖シャツを着たいときは、長袖シャツの袖をロールアップするようにしましょう。同じショート丈でも、半袖を着るのとでは、意味するものがまったく違います。

ちょっと想像してみてください。もしあなたが真夏でも頑張ってビシッと長袖シャツにネクタイ、そしてジャケット姿で現れたのに、相手がジャケットを羽織らず、半袖シャツにノーネクタイで登場したら……。

「礼に欠ける」「仕事に対する真剣味に欠ける」「自分が軽んじられている気がする」……そんなマイナスの印象を受けませんか？

欧米では、目下の人ほどきっちりとドレスコードを守るのが暗黙のルールです。だからといって、見ている側が暑苦しく感じるほどカチカチでもいけません。暑苦しい時期でも、その暑苦しさを感じさせない配慮をすることが、紳士のエレガンスです。

たとえば、スーツの色味は少し明るめのものを選びます。パンツはジャケットよりもワントーン明るめで、シャツは清涼感を感じさせる白が軸です。Vゾーンに来るネクタイは、麻混素材のものや涼しげな色にするなど、ネクタイの色やジャケットの素材を少し工夫するだけで、見た目の印象はガラリと変わります。

このように見た目が爽やかな色や、可能な限り快適な素材を取り入れることで、涼しげで端正に映る「装い」は実現します。日本のクールビズは、ぜんぜんクールじゃない！　なんていわれないよう気をつけたいものです。

ちなみに、シャツに胸ポケットが付いているのは日本だけです。胸ポケットのないタイプのシャツが国際基準。ポケットが付いていると、どうしても物を入れてしまい、その挙げ句、シルエットが崩れてだらしなく見えてしまいます。ビジネスウェアで物を入れていいのは、チーフを入れる場合のスーツの胸ポケットだけと覚えておいてください。

ビジネスの場では、アンダードレスで恥をかいても、着飾ったオーバードレスで恥をかくことはありません。最低限でも相手と同じレベルかそれ以上のフォーマルな服装にしておけば、失礼には当たらないでしょう。

コラム◆2　フランス大統領のメイク代は月に一〇〇万円？

一九六〇年はアメリカで初めて大統領選挙がテレビで放映された年です。外交経験豊かでベテランの政治家であるリチャード・ニクソンに対し、若さや経験値の低さから不利な立場にいたジョン・F・ケネディは、ニクソンと自分とを差別化するため、見た目の若さをあえて武器にしました。精悍《せいかん》で希望に満ち溢れた印象を演出するイメージ戦略をとったのです。

これまでのラジオで放送される討論会とは異なり、テレビでは、候補者の顔がたびたびクローズアップされます。このとき人々の目に映る印象が大切だと考えたケネディは、テレビ映りを考慮し、事前にしっかりとメイクを施しました。そうして肌の欠点をすべて覆い隠したうえで、きびきびとした振る舞いを意識し、テレビ討論会に挑みました。

ケネディの討論相手であったニクソンは、実は当時、病み上がりの状態でした。メイクによって若々しさや精悍さを強調してきたケネディの横に並んだニクソンは、その体力が落ちた様子がテレビ画面上で一層強調され、不健康かつ英気のない印象を国民の脳裏に焼き付けてしまったといいます。

病や老いを感じさせる外見は、リーダーとして立つ人間にとっては、時として命とりになります。若い頃はハリウッドスターでもあった元アメリカ大統領のロナルド・レーガンも、美容のエキスパートでチームを構成し、つねに健康的で頼もしい印象作りをしました。日本の首相も自身のメイクアップ中の姿を官邸のホームページにアップすることもありますし、大統領や首相などのメイクアップは、いま世界共通となりつつあります。

リーダーであれば、ストレスや疲労から、顔色が悪くなったり肌が荒れたりすることもあるでしょう。また年齢を重ねていけば、当然、シミやシワも現れはじめます。しかし、それらを最大限にカバーし、いついかなるときも強靱《きょうじん》でタフ、そしてエネルギーに満ち溢れた姿を見せることで好感度を上げる。そのためには、メイクの力が欠かせないのです。

企業のCEOや大統領の見た目の良さと報酬や投票率の相関関係については、世界各地で研究者たちが実証しています。このときの見た目には、目鼻立ちが整っているかどうかという生得的な身体的特徴だけでなく、「清潔感」「信頼感」「自信」といったものも含まれます。

これら「清潔感」「信頼感」「自信」を作り出すためには、血色がよく艶のある肌や唇、輝きがあって目力のある瞳、凛《りん》とした鼻が必要であり、メイクなくしては実現不可能なのです。

フランスのエマニュエル・マクロン大統領が、二〇一七年五月一四日に就任してから約三ヵ月のあいだに、二万六〇〇〇ユーロ（約三三八万円）ものメイク代を支払っているという情報が流れ、ＳＮＳ上では特に物議を醸《かも》しました。大統領に雇われるメイクアップアーティストは、メディア出演から地方訪問、そして外国訪問に至るまで、あらゆる場に同行しなければならないため、その移動距離や拘束時間から、これだけの料金が発生するとのことです。しかし、「月一〇〇万円強のお金をメイクに支払うなんて、税金の無駄遣いだ！」と感じる人も多いと思います。

でも、マクロン氏だけがとりわけ美容にお金をかけているかというと、実はそうではありません。たとえばフランスの前大統領、フランソワ・オランド氏も、メイクアップアーティストやヘアスタイリストへ、毎月六〇〇〇〜一万ユーロ（約七八万〜一三〇万円）支払っていたとされていますし、同じくニコラ・サルコジ元大統領も毎月八〇〇〇ユーロ支払っていたといわれています。

この額から、ヨーロッパの大統領は、かなりのお金を「顔」に投資してきたということが分かります。この値段を高いと捉えるか妥当と捉えるかは、大きく意見が分かれるところでしょう。

国民はリーダーの金銭感覚に対して非常に敏感です。万一、国民に知れわたってしまったときのリスクも考慮して、あえて国民が納得のいく金額内で見た目に投資する、それが正しい戦略かもしれません。

第三章　政治家の変な着こなしの数々

アルマーニ好き鳩山首相の大失敗

昨今、日本の国内問題は世界と密接に関わっており、ささいな言動であれ、世界に向けて発信されます。特に政治の話は国内で完結するものばかりではありません。国内で問題にならなければそれで良し、という時代ではないのです。

政治家のなかで、そのファッションが話題となり、世界中の嘲笑《ちょうしょう》の的になってしまった人といえば、アルマーニが大好きな鳩山由紀夫《はとやまゆきお》元首相です。

二〇一〇（平成二二）年、鳩山氏が現役の首相だった際、「国民の皆さんといろんなかたちで直接お話をしたい」として、官邸に「鳩カフェ」を設立しました。そして農業、食品製造、飲食業、料理研究家、学生など、食と農の関係者九人を招待したわけですが、そこに現れた鳩山由紀夫氏の姿が、見る人の度肝《どぎも》を抜きました。なんと、赤・黄・緑・青・紫のド派手なカラーでパッチワークされたギンガムシャツ姿で登場したのです（左ページ最上部の写真）。このカラフルシャツがCNNをはじめ世界中のメディアから酷評されました。

そして、このシャツの製造元が、鳩山氏が愛用しているとみられるイタリアの高級シャツブランド「イングレーゼ」のものだろうと報道されるやいなや、同ブランドの社長アンジェロ・イングレーゼ氏は、「我が社の製品ではない」とすかさず反論しました。

（写真：内閣広報室）

（写真：ＮＨＫ映像）

（写真：内閣広報室）

鳩山由紀夫氏の奇抜なファッションの数々

CNNでは、「日本の鳩山首相のファッションセンスはひどすぎる」「まるで目を疑うような色彩感覚だ」「こういった一九八〇年代のクセのある格好をいまだにするなんて、彼の考えと哲学が古臭いということを物語っている」「彼の政治生命は長くないだろう」と、辛辣《しんらつ》なコメントをしました。

彼が政治家であり首相であったことがここまでの反応を招いたわけですが、私たちのリーダーが、その常識を疑われるような服を選び、海外メディアから「日本がいま乗り越えなくてはならない問題は、このようなリーダーのもとでは解決できない」などと評価されるのは恥ずかしいものです。欧米では「服装のセンスは政策のセンスと通じるところがある」などともいわれますが、歴代首脳を見ると、その政治手腕は、服装にそのまま反映されているようにも感じます。

安倍首相と面接官のミステイク

椅子に着席したときは、スーツのジャケットのボタンを外す。椅子から立ち上がったときには、さりげなく片手でボタンを留める。これは何世紀にもわたって守られてきたボタン掛けに関するマナーです。

しかし日本の歴代首相は、このルールを知らなかったようです。何人もの首相が、首脳会談の際に、席に座ってもボタンを閉じたままにしていました。

　実は安倍首相も、つい最近まで、その一人でした。単に外す気持ちの余裕がなかっただけかもしれませんが、いずれにせよ、数多くの会談でボタンを閉じたまま座っている姿が、世界中のメディアに流されてきました。

　一方でプーチン大統領や温家宝《おんかほう》首相、ジャスティン・トルドー首相らは、慣れた手つきで、さっとボタンの開け閉めを行ってきました。この動作を最もエレガントに行う人物といえば、アメリカのオバマ前大統領でしょう。テレビの画面でじっくり見ていても、その手元の動きに気づかせないほどの速さで、ボタンの開け閉めをしています。しかも、それを片手でやってのけるから見事なものです。

　スーツのボタンというのは、もともと立つときには閉じて、座るときには開けるように考えて作られています。ボタンを閉じたまま席に着くと、ボタンに引っ張られるため、胴回りにシワが生じてしまいます（政治家ではありませんが、テレビ番組に登場するビートたけしさんの姿を思い出してみてください）。

　また胴回りが窮屈に見えるだけでなく、ときにはスーツの背中や首の後ろの部分が浮いてしまうこともあります。そうしてできるのが、たすき掛けと呼ばれるシワ。首から胸元にかけて、タスキをかけたような曲線を描くシワができてしまうため、なんとも間抜けに見えて

「ビートたけしのＴＶタックル」での一コマ（写真：テレビ朝日映像）

しまいます。

このボタン掛けのルールを知らなかった多くのビジネスマンがいうのが、「逆に相手に失礼になるのではないか」「ボタンを開けるとスーツが広がってだらしなくなる」というコメントです。ひょっとすると安倍首相も、初めはそのように考えていたのかもしれませんが、ボタンを開けたくらいで前裾がだらしなく広がって見えるようなスーツは、そもそも体形に合っているとはいえません。たとえ開けていようがいまいが、その差に気づかないような状態を保てるのが、良いスーツなのです。

残念なのは、ビジネスの世界でも、このボタン掛けのルールを心得ていない人が多いことです。たとえば、あるアンケートによると、日本の面接官の約七割は、着席時にスーツのボタンをはずした学生に対して生意気と感じるといいます。担当した面接官に教養がないばかりに、マナーを心得ている側の学生の正しい振る舞いが、マイナス評価を受けてしまうのは、誠に残念な状況です。

スーツには、上着のボタンが縦一列に配置されたシングルブレステッドと、二列に配置されたダブルブレステッドと呼ばれるタイプのスーツがありますが、シングルの際には、一番下のボタンは留めないというルールがあります。この一番下のボタンのことを捨てボタンと呼び、二つボタンのときは、上のボタンだけ、三つボタンのときは、真ん中だけを留めます。

現在の三つボタンスーツのほとんどは、一番上のボタンがラペル（下襟）の折り返しによって隠れている段返りと呼ばれるタイプのものとなり、一番上のボタンも留めると不自然な形になってしまうので、開けておくのが基本です。ダブルの上着で四つボタンや六つボタンのときには、デザインにもよりますが、二つ留めても一つだけでも問題ありません。

「テロ等準備罪」が可決されるという、国内外のメディアから最も注目を浴びる日に、当時の金田勝年《かねだかつとし》法務大臣が、二つボタンを二つともしっかりと留めていたことに気づいた人はいらっしゃるでしょうか？

普段は下のボタンを一つ開けているのに、この日ばかりは二つボタンを両方ともかちりとロック。ひどく緊張していたか、動揺していたことは間違いないでしょう。服装はその人の気持ちの余裕も如実《にょじつ》に表すのです。

伊勢志摩サミットのホストの服装

二〇一六（平成二八）年、三重県の伊勢志摩でG7サミットが開催されました。開催国のホストは通常、自分の国を訪れたゲストに敬意を払うという立場にいるため、その場において最もフォーマルな「装い」が求められます。

ドレスコードのなかで格式の高い「装い」であるホワイトタイ（燕尾服《えんびふく》）やモーニングコート、あるいはブラックタイ（タキシード）に見られるように、フォーマルウェアに使われる色は白と黒です。これらの色をスーツに用いるのであれば、限りなく黒色に近い濃紺かチャコールグレーが、開催国のホストにふさわしいスーツの色となります。

……しかし安倍首相は、伊勢志摩サミットだけでなく、二〇一七（平成二九）年初頭の駐日各国大使との昼食会でも、ライトネイビーのスーツを着て登場したのです。

なぜ明るい色合いのネイビーやライトグレーがふさわしくないかというと、ビジネスと同様、政治の世界には暗黙のルールがあるからです。首相や大統領をはじめ、政治家らが着ても良いとされるカラーは、ダークネイビーかダークグレーのみとされています。いわんやホストなら、最も深みのあるダークカラーの出《い》で立《た》ちで、各国の首脳陣を迎え入れるべきだっ

2016年の伊勢志摩サミットにおける安倍首相と各国首脳（写真：内閣広報室）

2017年初頭の駐日各国大使との昼食会における安倍首相（写真：内閣広報室）

たでしょう。

色が持つ印象というものは、着る人の印象も大きく変えます。たとえば黒に近づけば近づくほど重厚感が増すので、強力な権威やリーダーシップを感じさせ、フォーマルとみなされます。また、明るくなればなるほど気さくさや近づきやすさを感じさせ、カジュアルになります。

前ページの集合写真を眺めれば、安倍首相が着ているスーツの明るさはひときわ目立っています。外交の場で求められるのは、ファッションで目立つことではありません。ホスト国の首相としてふさわしい、ダークカラーのスーツで装うべきだったと思います。

スーツの色で大きな非難を浴びたのが、二〇一四年当時のアメリカ大統領、オバマ氏です。オバマ氏は、イラクとウクライナ情勢について演説する際、ベージュのスーツを着ていました。この色が批判の的となったのです。

この明るいベージュのスーツに対し、twitterやFacebookなどのソーシャルメディア、雑誌、TV番組などで、「アメリカの大統領はリゾート気分で政治をしているのか」「このような緊迫したときにバケーションのつもりか」などとさまざまに批判されました。「装い」に使われる色というものは、それほどまでに、人の印象形成に大きな影響を与えるのです。

このとき、どのような意図でオバマ氏がベージュのスーツを選んだのかは分かりません。

しかし、世界が緊迫した状況であるにもかかわらず、穏やかさや優しさを印象付けるベージュのスーツを選んだことは、非難されても仕方がないでしょう。世界を揺るがす重みのある発言をする人は、やはり重みのある色を身に着けなければならないのです。

オバマ氏は後にベストドレッサー賞を受賞しましたが、もともとはセンスがいい人ではなかったようです。大統領選挙のキャンペーンで初めてスタイリストを付けたそうですし、あるインタビューでは、「大統領を目指すに当たって初めて印象をコントロールする大切さを知った」とも話しています。

外交で安倍首相のローファーは？

さて欧米では、日本よりも、足元がよく見られています。たとえば欧米の高級レストランでは、客の靴がその店のドレスコードにそぐわなければ、入店を断られることもあります。靴にも、その場にふさわしいスタイルがあるのです。

ビジネスはもとより、政治の世界やフォーマルな場にふさわしいのは、よく手入れのされた紐付きの革靴と決まっています。むしろ紐付きの革靴以外はタブーだと理解していても良いでしょう。

そんな紐付きの革靴のなかでも、最もフォーマルだとされているのが、内羽根式のストレートチップです。穴飾り等がなく、切り替えに横一文字のステッチだけが施されていることが、ストレートチップの特徴です。ストレートチップは、通常のスーツスタイルはもちろん、昼の正礼装のモーニングコートまで幅広いシーンで使うことができるので、大人の男性ならば一足は持っておきたい靴です。

各国の歴代大統領や首脳たちは、靴の格付けをよく理解しており、多くのリーダーにプレーンなストレートチップが愛用されてきました。しかし安倍首相はなぜか、各国要人との会談の際に、このストレートチップよりも、バックルやストラップで甲を締めるモンクストラップや、タッセルつきのローファーばかりを履きます。

ローファーとは「怠け者」の意味。もともとイギリスの王室や上層階級では、室内用の靴として使われていました。この足を滑らせて履くローファーは、戦後、アメリカ人が日本に来た際に持ち込み、徐々に定着していきました。家に上がるときに靴を脱がなければならない日本の生活様式にマッチしていたことが、定着した要因といわれています。つまり、脱ぎ履きに楽な靴の代表がローファーなのです。

ストレートチップがフォーマルな靴であるのに対して、ローファーはどれだけ高級なものでもカジュアルな部類に入ります。ノーネクタイにジャケットといったカジュアルなスタイルの際に用いるのであれば、足元がローファーでも問題はないのですが、外交のようなフォ

2017年２月、マティス国防長官と会談する安倍首相（写真：朝日新聞社／ゲッティイメージズ）

ーマルの場で、一国の首相が履くとなると、それは大問題なのです。

会談の席では深めの椅子に座ることが多く、椅子にしっかりと腰をかければ、パンツは上の方へ引き上がり、タッセルつきのローファーは露《あら》わになってしまいます。たとえば二〇一七年二月にアメリカのジェームズ・マティス国防長官と会談した際の安倍首相を見てください。せっかく仕立ての良いスーツを着ているだけに、その対比で足元で目立つタッセルのカジュアルさが、一層、際立ちます。スーツが良いだけに、なおさら残念です。

タッセルのようなスリッポンシューズは、スポーツジャケットやブレザーなどと合わせるようにしましょう。

そして、いまローファータイプの靴しか持っていない人は、まずは黒のストレートチップとプレーントゥの紐靴をそれぞれ一～二足ずつ揃えておくと良いでしょう（ブラウンの革靴は、ビジネスの場やフォーマルな場ではカジュアルとみなされます）。

また、靴は一日履いたら、コップ一杯分の汗を吸うといいます。それだけ湿気がこもった靴を連続して履くと、悪臭の元になりますので、一度履いたら二～三日は休めるのが理想的です。ローテーションを考えると、家には最低でも三足の紐靴は揃えておきたいところです。

ところで、イタリアやフランスの首相の靴に注目をすると、その磨かれ方に特徴があるのが分かります。靴の先端を中心にして磨きをかけているのです。さらに上級のおしゃれで、分かる人には分かるテクニック。どれだけ大事な靴でも、まるで昨日買ったばかりかのように、靴全体をピカピカに磨き上げるのは野暮《やぼ》というものです。

全体がテカテカに光った靴は、履き手の強い自尊心をむき出しにしている感じがします。あえて磨き方にメリハリを付けることで、履き手の美意識をさりげなく伝えるのです。にくい演出ですね。

なぜ安倍首相は左上がりのタイを

日本で最も人気のあるネクタイの柄は、ストライプです。ストライプには、正面から見て右上に上がるタイプのものと、左上に上がるタイプが存在します。右上に上がるタイプはイギリス発祥のデザイン。もともとは右上に上がるタイプのストライプがオリジナルですが、これをアメリカのブルックスブラザーズが逆にして取り入れたのが、左上がりのストライプタイだといわれています。

ただ、政治の世界では「クラシックな着こなし」が基本です。ですから、最も多いのは上質な無地のソリッドタイで、次に多いのがピンドットと呼ばれる細かなドットや小紋柄《こもんがら》。ストライプなら、右上に上がるタイプのネクタイを着けるのが常識です。

サミットなどの写真を見れば一目瞭然《いちもくりょうぜん》ですが、世界各国のリーダーをはじめ、国連事務総長、グローバル企業のトップたちも、正面から見て右上がりのストライプタイを着用しています。そんななかで、頻繁に左上がりのストライプタイを着けているのが安倍首相。何かのこだわりがあるのかもしれませんが、真意は分からず、奇妙さが日立つばかりです（先述のマティス国防長官との会談でもそうでした）。

私たち人間の目というのは面白いもので、右上に上がっていくものに対して、「パワー」や「上昇」、「明るい未来」や「可能性」などを連想します。逆に右下に下がっていくものに対しては、「後退」「後ろ向き」「消極的」といったネガティブなイメージを連想します。安倍首相には、ネガティブなイメージのあるこのネクタイを、あえて着け続ける理由があるのでしょうか。

また、イエロー系のタイは安倍首相が常用するネクタイの一つですが、強い主張を持つ色は、外交の場においては避けたほうが良いとされています。サミットの集合写真を見れば、どの国の首脳たちもダークカラーの無地か落ち着いた柄のネクタイを着けていることに気づくでしょう。

日本人の大好きなストライプタイですが、どの店舗にも必ずあるレジメンタルストライプは、もともと軍隊から生まれました。レジメンタルタイの語源となっている「レジメント」は「連隊」を意味するもの。そして、イギリスの連隊旗のストライプから生まれたのがレジメンタルタイなのです。その流れを考慮するならば、セレモニーやフォーマルな食事の場では、あまりふさわしくないでしょう。

またストライプは、伝統のあるクラブや大学を示すことにも使われています。つまり何かのアイデンティティを示す場合もあるのです。ですから、自分が何気なく着けたネクタイが、まったく縁のない大学の柄を意味しているなどということがないように気をつけてください。海外でビジネスをされる人は、着用を控えるか、その地で有名なシンボルカラー等について調べておくと良いでしょう。

ビジネスや外交の場でのタイは、無地か、無地の織り柄、柄がほとんど目立たない小紋柄や小さな水玉が鉄則。よって、主要国首脳会議（サミット）などでもストライプ柄を着けているリーダーは少数派です。当然、ヨットやゴルフクラブ、あるいは犬や猫など、露骨な固有物を示す柄はふさわしくありません。ましてや、会見で記者に対して「出て行きなさい！」と言い放った今村雅弘《いまむらまさひろ》復興大臣（当時）のように、エヴァンゲリオンの柄など、もっての外です。

麻生太郎のギャングスタイルは？

二〇一三年、G20の会合でロシア・モスクワに向けて出発する際の麻生太郎財務大臣の姿は、国内だけでなく、世界中の人々にマフィアを連想させました。中折れ帽を斜めに目深《まぶか》にかぶり、ファーのついた黒いコートに、水色のマフラーを垂らしていました。「ウォールストリートジャーナル」は、この姿を大々的に写真つきで掲載し、「日本の財務大臣がギャングスタイルでG20へ」と見出しに書きました。

しかし国内で非難の声は少なく、麻生氏のイラストの下に「ギャングスタイル」と書かれたTシャツが出回り、若者たちのあいだで人気になりました。

麻生太郎氏は、政界一のオシャレとして名を馳《は》せてきましたから、良い意味でも悪い意味

「ボルサリーノスタイル」の麻生太郎氏（写真：NHK映像）

でも注目を浴びやすい人です。麻生氏が着ているスーツはすべて仕立てて作られたものです。どんな動きをしても身体にしっかりと吸い付き、ムダなシワができない良い仕立てのスーツ。仕立てているのは、学生時代から通い続けているテーラーだといわれています。五〇年ものあいだ同じ型紙でスーツを作っているということですから、体形維持に対する意識の高さも感じられます。

私も選挙の演説で、たびたび麻生氏の姿を近くで見てきましたが、美しいのはジャケットだけでなく、パンツのシルエットも同様です。立ったときのパンツのラインがとても美しい。ラインが下までビシッとストレートに落ちるのは、パンツの裾に鉛を入れているからだという有名な噂がありますが、本当のところはどうなのでしょう。

ブリティッシュスタイルを取り入れ、いつも隙のないコーディネートを見せる麻生氏の姿は、日本の政治家のなかでは群を抜いています。しかし、国際会議のファッションが「ボルサリーノスタイル」というのは、いささか行き過ぎてしまったように思います。

「なぜ帽子をかぶるのですか？」という記者の質問に対して、以前、麻生氏は「幼い頃に見た親族の姿に憧《あこが》れた」と答えています。麻生氏は、戦後の日本の枠組みを作った吉田茂《よしだしげる》元首相の孫です。吉田茂氏といえば、帽子にステッキ、そして葉巻がトレードマークですから、祖父に憧れたということでしょうか。

かぶるものによっては粋《いき》に見える帽子はクラシックなスタイルですから、政治の場で使ってもいいでしょう。しかしギャングを連想させるようでは、イギリスの紳士道であるダンディズムからは外れる「装い」です。このときのように日本経済を大きく左右する重要な交渉の場では、むしろ悪目立ちしていただけ、という印象が拭いきれません。

河野外相のウールのベストは？

ビジネスと同様、政治の世界も、「自分が何を着たいか」よりも、「相手からどのように見られるか」ということのほうが重要です。そして調和が重んじられます。人をハラハラさせたり驚かせたりすることよりも、能力、人格、識見を感じさせ、見る人を安心させることのほうが大切なのです。

「人に賞賛されたい」「私は他の人たちとは違います」という意図が露骨に見られるスタイルは、政治の世界でもビジネスの世界でも歓迎されません。先述のボー・ブランメルは、「人からお洒落と思われているうちは、まだまだお洒落ではない」「道行く人々が振り返って君を見るならば、君の着こなしは間違いだ」という名言を残しています。

存在感を見せるために、あえて他の政治家とは違うことをするというのは、麻生氏の自己顕示欲の表れのような気がします。

たとえば、二〇〇九（平成二一）年に麻生氏が首相だった当時、オバマ大統領と初めての日米首脳会談を行いましたが、麻生氏はクレリックシャツを着ていました。クレリックシャツとは、『大辞泉』によると「襟とカフスを白または無地にして身頃に色や柄物の生地を使ったシャツ」。もともとカジュアルな類いに入るシャツです。イギリスのチャールズ皇太子がカミラ夫人との再婚の際に結婚式で着たことで、やや格上げされましたが、政治の世界で着ている人はいません。

麻生氏は以前にも、公式の場へボタンダウンを着て出席したことがありますが、公式の場で着るのはドレスシャツが基本で、襟の先にボタンがついているシャツは不自然です。アイ

2017年８月のASEAN関連外相会議に際し、マニラで康京和・韓国外交部長官と会談した河野太郎外相はスーツの下にベストを……（写真：外務省）

ビー世代にはいまだに人気がありますが、オバマ前大統領や習近平《しゅうきんぺい》総書記、あるいはプーチン大統領がボタンダウンを着たところを、見たことのある人はいますか？

結婚式や披露宴だけでなく、謝罪会見など、場の雰囲気を大切にするフォーマルな場では、白シャツが基本です。できるだけオーソドックスな白で、柄物は避けたほうがいいでしょう。襟元がアクセントになっているものや、柄が入っているものはタブーです。

ボタンダウンシャツはカジュアルベースです。フォーマルな場では、ダブルの裾のパンツもNG。靴は革製の紐靴で、フォーマル感を強めたいのであれば、紐が外に出ない内羽根式を選びましょう。

本来、政治家というのは、ファッションで目立つものではありません。国民が求める印象は、信頼と有能さと謙虚さです。河野太郎《こうのたろう》氏がスーツに身に着けているような黄緑の腕時計に見られるように、奇抜な色やデザインのアイテムは、場所によっては遊び心を感じさせますが、国民はおそらく、政治にそのような遊び心は求めていないはずです。

いわんや二〇一七年八月、マニラでのASEAN関連外相会議でスーツの下にウールのベストを着るなんて（一四七ページの写真）……ソフトバンク会長の孫正義《そんまさよし》氏が二〇一六年の年末に、ニューヨークのトランプタワーでドナルド・トランプ氏と面談した際も、スーツの下に斜めになったベストを着ていましたが、世界の人たちはどのように感じたのでしょうか。

時計といえば、第四四代アメリカ合衆国大統領バラク・オバマ氏が愛用するのは、彼が四六歳の誕生日に、シークレットサービスからプレゼントされた「JORG GREY（ヨーグ・グレイ）」の腕時計。民主党指名演説、大統領選勝利演説、大統領就任演説など、大切な節目に着けているこの時計は、わずか四万円にも満たないものですが、その選択が国民の心を逆に捉えました。

いま世界中のリーダーに期待されるスタイルは、その人の出自、学歴、キャリアに関係なく、お金をかけ過ぎず、お洒落し過ぎず、民衆に違和感を生じさせないもの。ただファッシ

トランプタワーでドナルド・トランプ氏と肩を組む孫正義氏（写真：ゲッティ イメージズ）

ヨーグ・グレイの時計をさりげなく見せるオバマ大統領（写真：内閣広報室）

ヨンばかりではなく、ぜひ政治家本来の仕事でも、その存在感を際立たせて欲しいものです。

天皇の前で見せた石原伸晃の失態

二〇一六（平成二八）年一月二八日、安倍首相は甘利《あまり》明《あきら》氏の後任として、石原伸晃《いしはらのぶてる》氏を経済再生担当大臣に起用しました。

皇居で認証官任命式の際に、首相らが着ていたのはモーニングコートです。モーニングコートは昼の正礼装であり、昼間に催される内閣総理大臣や最高裁判所長官の親任式、あるいは認証官任命式、叙勲や受章等で宮中に参内するときなどに着用されます。

注目していただきたいのは、石原氏が着けている腕時計です。手元をよく見ると、セイコーアストロンという、チタンで作られた肉厚の時計だということが分かります。

アストロンはすべてのタイムゾーンに対応しており、世界中どこへ行ってもすぐに、現在いる場所の時間帯を示す優れもの。世界中を飛び回るビジネスマンに愛用される時計ですが、認証官任命式に着けてくるのは間違いです。

腕時計もスーツと同様に、フォーマルな時計とインフォーマルな時計に分けられます。一般的には「ドレスウォッチ」と呼ばれる腕時計が、認証官任命式のような場面にふさわしい

皇居での認証官任命式に臨む石原伸晃・経済再生担当大臣（写真：日本テレビ映像）

時計になります。厳密にドレスウォッチを定義すると、薄型で、針は長針と短針のみの二針、文字盤が白で、ベルトが革製の腕時計になります。

　トレーニング用やアウトドア用に作られたスポーツウォッチは、すべてカジュアルに分類されます。メタルバンド、ナイロンバンド、ラバーバンドの時計は、フォーマルな場にはふさわしくないと覚えておいてください。

　フォーマルな場では、できるだけ抑制の利《き》いたシンプルなデザインの小物を取り入れなくてはなりません。ですから、個性を感じさせる筆記体のような数字や、色の付いた文字盤ではなく、シンプルな数字が書かれた白の文字盤が基本です。数字は、ローマ数字よりもアラビア数字のほうが格は上です。

　厚めの腕時計は存在感がありますが、腕の振り方によっては袖口にひっかかる可能性があります。薄型であれば邪魔《じゃま》になることはありません。針の数が多くなればなるほどフェイスの厚みは増します。二針であれば当然、薄型になります、

なぜ秒針のない二針でなければならないかというと、せかせかと時間を気にしないのが、フォーマルな場での正しい振る舞い方だからです。常にせわしなく動く秒針があると、まるで時間に追われているような印象を与えてしまいます。

欧米のエグゼクティブや上層階級の方の時計を見てみると、皆が一様に、二針の時計を着けています。時間を自分でコントロールできる立場にいるということが、腕時計にも反映されているということでしょう。時間に追われコントロールされる立場でないことがステイタスならば、腕時計自体を着けないのが究極のステイタスになるのかもしれませんね。

このように腕時計も、握手や食事の際にチェックされるポイントだということは、覚えておいてください。ドレスウォッチを持っていない人は、一本は手元に置いたほうが無難だと思います。

中曽根康弘元首相のエレガンス

二〇一七年五月、永田町のキャピトルホテル東急で、中曽根康弘《なかそねやすひろ》元首相の「白寿を祝う会」が開催されました。中曽根元首相は、九九歳とは思えないほど艶《つや》のある表情で、変わら

ぬ威厳を見せておられました。その姿は、首相退陣から三〇年という長い時間を忘れさせるようでした。

中曽根元首相は、若い頃からエレガントでツヤ感のあるシャドーストライプや、鉛筆で書いたような細いストライプスーツを好んで身に着けていました。上質なシルクタイに、胸元には必ずポケットチーフを挿していたのが印象的です。昔から「装い」の基本が変わらないのは、ご自身のスタイルが確立されている証しでしょう。

年齢を重ねれば、肉付きは変わります。しかしいまでも、首から肩、肩から袖までのジャケットのライン、シャツの襟の開きにVゾーンのバランスなど、すべてが完璧といっていいほどでした。最善の選択をされ、年齢を感じさせない潑剌《はつらつ》とした仕立ては、とても魅力的に映りました。

外交の場における日本の首相は、体格が立派な他国の首脳陣のなかで、正直、見劣りしてしまうものがありました。が、中曽根元首相は身長一七八センチで、アメリカのレーガン大統領の隣に立っても引けを取らない風格がありました。元ハリウッドスターのレーガン氏にも負けない華やかなオーラのある、日本人としては類稀《たぐいまれ》なる首相だったといってもいいでしょう。

そんな中曽根氏ですが、プロトコールに関する面白いエピソードが語り継がれています。

一九八三年、中曽根首相はアメリカ合衆国のバージニア州ウィリアムズバーグで開催された先進国首脳会議（ウィリアムズバーグ・サミット）に出席しました。

サミットごとに撮影される恒例の集合写真では、外交儀礼によってルールが厳格に定められています。記念写真を撮る際には、中央に主催国の大統領または首相が立ち、大統領から首相の順に並ぶというルールです。同格の場合は、在任期間の長い順に左右に並ぶことになっています。

このときの中曽根首相の在任期間は、わずか一年。当然、いちばん端に立つべきですが、中曽根氏は中央のレーガン大統領の横にすっと割り込んで、何食わぬ顔で立っています。

中曽根氏は後のインタビューで、「ＯＥＣＤなどで日本は世界一の援助をしているのだから存在感を見せなければならない」と語っていましたが、実際は、日本が外交儀礼の理解に乏しいことを露わにした事件として、各国記者のあいだで語り継がれることになりました。

二〇一七年五月にベルギーのブリュッセルで行われたＮＡＴＯ（北大西洋条約機構）首脳会議の写真撮影では、トランプ大統領がモンテネグロのドゥシュコ・マルコビッチ首相を押しのけて前に出ましたが、この行動も世界中から顰蹙《ひんしゅく》を買いました。本人にとっては何気ない行動であっても、世界のメディアは、このような態度こそ、しっかりと見ているのです。

音喜多駿のピークドラペルは

東京都議会議員の音喜多駿《おときたしゅん》氏は、小池百合子《こいけゆりこ》都知事率いる都民ファーストの会の注目株でしたが、二〇一七年一〇月に離党しました。しかしいずれにしろ、情熱的かつ断定的な口調で質問に素早く切り返す様子からは、若さと頭の良さが感じられます。

この音喜多氏といえば、オレンジのネクタイが印象に残っている人も多いでしょう。ところが、オレンジ色を「装い」に用いるというのは、政治の世界では一般的ではありません。

音喜多駿氏のピークドラペルのスーツ（写真：音喜多駿ホームページ）

政治だけでなくビジネスの世界でも、男性が使っても女性が使っても違和感を与える色です。ましてや連日のようにそれだけを着けるというのは、違和感をねらってのことかもしれませんが、極めて単純なイメージ戦略のように思えます。

ひょっとすると、音喜多氏は、着こなしについてはよく分かっていないのかもしれません。シャツにしても、若者たちに流行りの柄襟《がらえり》のシャツや、色糸の施されたボタン付きのシャツをよく着ています。これもカジュアルなシャツであり、政治家としてはふさわしくありません。プレーンなホワイトシャツやブルーのシャツのほうが、音喜多氏への信頼を高めるのに役立つでしょう。

最も間違った着こなしは、このカジュアルなシャツに、ピークドラペルという、下襟の先が鋭角的になっている、フォーマルなスタイルに使われる襟のスーツを合わせているという点です。それの何が問題なのかを説明するうえで、少しだけスーツの襟の形について説明させていただきます。

スーツの襟部分には、カラー（上襟）とよばれる部分とラペル（下襟）とよばれる部分があります。そして、カラーとラペルを縫いあわせた境目の部分をゴージ、またはゴージラインと呼びます。下襟の先が肩のほうに向かってせりあがっているのがピークドラペル。ゴージラインがまっすぐになっているものをノッチドラペルといいます。

ピークドラペルというのは、非日常を演出するためのデザインであり、もともと燕尾服《えんびふく》やダブルブレステッドのスーツに合わせるものです。フォーマルなスーツやダブルのスーツに合わせているのであれば問題はありません。

元東京都知事の石原慎太郎《いしはらしんたろう》氏も、しばしばシングルブレステッドにピークドラペルを合わせていることがありました。石原氏はおそらく、ご自身でオーダーしたのでしょうし、あえてシングルブレステッドのスーツに合わせたのでしょう。ただ、特別な場ということを意識して着るのならば問題はないのですが、政治やビジネスの場でピークドラペルを着るのは、たとえそれが石原氏であっても、行き過ぎです。

伝統的な着こなしとは相反する「装い」が日本で広まってきたのは、戦後、日本国内でも注文服を作るテーラーが台頭し、スーツの本家本元のイギリスの伝統を軽んじ、客の好みを「柔軟」に取り入れた服を作ってきたことが要因の一つかもしれません。

ピークドラペルは上に反り上がっているため、シャープで戦闘的な印象に見えないこともありません。常識を無視して、あえてこのピークドラペルをスーツに選ぶのは、猪瀬直樹《いのせなおき》元東京都知事や田中康夫《たなかやすお》元長野県知事のように、自己顕示欲や自意識が強いタイプに多く見られます。しかし、首脳会談やサミットといった外交の場でピークドラペルのスーツを着ているリーダーは、皆無です。このことが示しているように、政治の世界で用いるのには、違和感を禁じ得ません。

政治家の印象はVゾーンで決まる

先述した石原慎太郎氏もそうですが、森喜朗《もりよしろう》氏、小泉純一郎《こいずみじゅんいちろう》氏の二人の元首相のVゾーンをじっくり見ると、どこか古臭い印象を持つ人が多いのではないでしょうか？

「スーツ×シャツの襟×ネクタイ」からなる上半身のV字の部分を「Vゾーン」と呼びます。Vゾーンは、その人の顔立ちの印象を決める重要な要素。Vゾーンを見たときにどこか古い印象を受けるとしたら、その原因の一つは、ゴージラインの位置です。

中央よりも高い位置にあるものはモダンな印象（または流行を意識しているという印象）、逆に低い位置に来るものは古臭い印象に見えます。ゴージラインは、スーツ全体のなかでは、ほんの些細《ささい》なラインでしかありませんが、実は無意識のうちに人の視界に飛び込んでくる重要なラインなのです。

このゴージラインは、その位置によって、見る人に与える印象が変わってきます。ゴージラインが上のほうにあると、見る人の視線は上がり、下に行くと体に注目が集まるようになります。自分の顔を印象づけたい人は、ゴージラインが高めのものを選ぶと、相手の視線を上げることができます。身長が低いなど、上半身に注目を集めたいときにも、少し高めのゴージラインが効果的です。一方、見る人の視点を顔から遠ざけたい人は、ゴージラインをやや下の位置にずらすと視界が広がるので、顔の印象が薄らぎます。

とはいっても、時代を超えて適切な位置というものがあります。それはシャツの襟の外側のラインの中央に来る、ということです。これこそ黄金比といってもいい、顔と体がもっとも美しく見える高さになります。ゴージラインとシャツの襟の角度が同じだと、均整が取れて、より美しく見えます。

さらに均整のとれた印象にするためには、シャツの襟先はジャケットのラペルのなかにピタリと収まっているのが基本です。一般的なスーツのラペルの角度をベースにすると、襟先が九〇〜一〇〇度ほど開いているセミワイドカラーが、最も襟先がラペルに収まりやすいスタイルになります。ちなみに、このセミワイドカラーよりも少し襟先の開いたワイドスプレッドカラーは、昔、イギリスのウィンザー公が着ていたことから、ウィンザーカラーとも呼ばれます。

また、Ｖゾーンの黄金比は、他にもあります。シャツの襟の長さとラペルの幅、それにネクタイの大剣の幅の三つがちょうど同じだと、もっとも美しい黄金比ができあがります。ネクタイの幅が、ラペルの幅やシャツの襟の長さよりも太かったり、ネクタイは細いのにラペルの幅だけが太かったりする場合、見た目がアンバランスになるので注意しましょう。

顔や肩幅が大きめの人は、シャツの襟の長さ、ネクタイやラペルの幅も、大きめを選択したほうが無難です。逆に顔や肩幅が小さい人は、幅のあるラペルやネクタイを選んでしまうとアンバランスに見えてしまいますので、自分のサイズにちょうど比例したものを選ぶと良いでしょう。

いずれにせよ、日本人の頭と体のサイズ比は、欧米人に比べると、頭のほうが相対的に大きくなります。だからこそ、このVゾーンのバランスはきちんと調節し、見る人の視線を上に引き付ける工夫が必要となるでしょう。

ネクタイの結び目とシャツの第一ボタンとのあいだに空間ができていないかどうかも、チェックしてください。ネクタイの結び目とシャツの襟元が空いているとだらしなく見えてしまいますし、シャツの襟先とラペルとのあいだに妙な空間ができていても、なんとも収まりの悪い感じになります。

シャツの襟の長さというのは、たいてい七・五〜八・五センチです。つまり、ネクタイの幅もラペルの幅もこの範囲内で、顔や体のサイズにうまく比例させたものを選ぶべきなのです。たとえば顔が大きいタイプの森喜朗氏であれば八・五センチ、比較的細身の小泉純一郎氏であれば七・五センチが適切でしょう。

オバマ前大統領、習近平総書記、プーチン大統領など、世界各国の歴代首脳で、このバランスが崩れている人を見たことがありません。それだけ皆さん、Vゾーンのバランスは徹底しているのです。テレビや新聞で見る際には、ぜひ各国首脳のVゾーンに注目していただきたいと思います。

身体を大きく見せるのは厚みで

シングルのスーツとダブルのスーツに格の違いはありませんが、日本ではシングルよりもダブルのほうがフォーマルだと思われています。見た目の重厚感から、シングルスーツよりもフォーマル感や威厳《いげん》を醸し出しやすいスタイル、それがダブルのスーツです。

ダブルのスーツは、品良く着こなすことの難しい、着る人の力量が問われるスタイル。センスがないのにダブルスーツを好んで着るのは、ゴーストライター問題で世間を騒がせた音楽家、佐村河内守《さむらごうちまもる》氏のように、存在感を大きく見せたい、強く見せたい、貫禄《かんろく》を出したいという人が多いような気がします。

ダブルは押し出しの強いスタイルで、似合わない人が着れば、相手よりも強く見せようという魂胆《こんたん》を見抜かれてしまいます。さらに、きわどいネクタイやポケットチーフを合わせると、ただの自己主張したがりの人に見えてしまいます。

日本人では、身体よりもやや大きめのダブルを着ている人を多々見かけます。おそらく貫禄を出したいという気持ちが、そのサイズに表れてしまうのかもしれませんが、大き過ぎるダブルは、逆にだらしなく見えます。

身体の小さい人は、太めのストライプや大きめのチェックの柄を選びがちですが、身体のサイズに比例しない柄は、かえって小ささを強調してしまいます。ストライプならば幅広ではなく間隔の狭いストライプを、チェックならば小さめのチェック柄を選ぶべきです。

いうまでもなく、厚すぎる肩パッドも好ましくはありません。身体を大きく見せたいならば、肩幅を広げるのではなく、身体を立体的に見せることを心がけましょう。

たとえば、ネクタイを少し前に押し出して立体的にすれば、視覚的に厚みが出ます。さらに、スリーピーススーツに中着として着る袖のないベスト、すなわちウエストコートを着れば、胸板が厚くなったように感じさせ、一層、身体に厚みと重みが出ます。そうすれば、身体から醸し出される威厳を強めることができるでしょう。

加えてポケットチーフを胸元に挿せば、メリハリも生まれ、色味の異なるレイヤーができることで、さらに身体が立体的に見えてきます。威厳を持たせたいならば、無理やり幅を増やして身体を大きく見せるのではなく、厚みを持たせることがポイントです。

身体の大きい人は重厚感のあるダブルのスーツを格好良く着こなせますが、身体が大き過ぎると、今度は威圧感が生まれてしまいます。特に幅広のはっきりとしたストライプ柄を選ぶと、夜の世界の人間の雰囲気を漂わすことに……できるだけ控えめなストライプで、ウエスト部分が軽くシェイプされたものや、ウエストの位置がやや高めのものを選ぶと、すっきりとスタイリッシュに見えるでしょう。一センチ程度のストライプを選べば、シャツやネクタイもコーディネートしやすいでしょう。

特にダブルのスーツは、肩や身体のシルエットとピタリと重なればスタイリッシュに決まりますが、「貫禄があるように見せよう」「威厳があるように見せよう」と少しでも大きめのサイズを選ぶと、バブルの時代を彷彿《ほうふつ》とさせ、古臭く見えてしまいます。ましてや、ダブルの前合わせを開けたままにしておくと、余裕どころか傲慢《ごうまん》で怠惰にしか見えませんので、注意してください。

ダブルはある程度の年齢や経験を積み重ねているというメッセージにもなります。堂々たるダブルは、堂々たる振る舞いができる人が着てこそ、格好良く決まります。靴やバッグもダブルに見合ったクオリティのものを持ってください。

未熟な若者が、ダブルスーツにナイロンのバッグを持っていたりすると、ちぐはぐな印象となるでしょう。

最近では、若い人も好んでダブルのスーツを着るようになりましたが、若くて細身の人がダブルを選ぶのであれば、自分の身体のサイズに合わせてオーダーメイドで作ったほうが良いでしょう。

また、フォーマル感の必要のない場所へ、最も格の高い真っ白のシャツとダブルのスーツを着ていっては、ただの場違いになってしまいます。常識のない人だと思われますので、くれぐれも注意してください。

小泉進次郎の謙虚スタイルとは

「信頼できる」「有能である」「謙虚である」「思いやりがある」――これらは好印象を与えるために欠かせない四つの要素だといわれていますが、そのすべてを装いによって表現しているのが、小泉進次郎氏《こいずみしんじろう》です。

小泉進次郎氏のスタイルは極めて保守的です。際立った特徴がないというのが、最大の特徴。コンサバティブなスタイルは、誠実で謙虚な姿勢を表し、その安定したイメージは、見る側に信頼感を与えてくれます。

彼のスタイルを見て「爽やかだ」と思う人がいても、「不潔」「うさんくさい」「暑苦しい」「生意気」と思う人は、まずいないでしょう。プライドをちらつかせたり、サラブレッド感を誇張したりするディテールを一切省いたのが、進次郎スタイルなのです。

その着こなしを一つ一つ細かくチェックすると、すべてがルールに忠実に従っていることが分かります。たとえば、スーツの色はグレーか濃紺《のうこん》でストライプが基本です。袖元と首元から一センチ程度シャツが出ているというルールもクリアしています。スーツの丈も、ヒップがちょうど隠れるラインのものを常に選んでおり、流行には左右されません。

ネクタイは、相対する人に礼節を示す上質のシルクのもの。ネクタイを外しているときでも、胸元には白のポケットチーフを忘れず、ノーネクタイでもカジュアルに見えないように気を配っていることが分かります。

　ネクタイを締めているときには、常に結び目に美しいディンプル（くぼみ）ができていますし、ネクタイとポケットチーフをコーディネートする際も、同色や同素材のチーフを入れてしまう政治家が多いなか、ネクタイのカラーの一部だけをチーフに取り入れて、うまくコーディネートしています。

小泉進次郎氏（写真：共同通信イメージズ）

　小泉進次郎氏のスタイルは、決して没個性なのではなく、清潔感があって、見る側が心地よくなるような細かな気遣いが細部にちりばめられています。たとえば彼がよく着けている腕時計は、国産シチズンのアテッサ。煌《きら》びやかな華やかさはありませんが、高級感に欠けるわけではなく、無骨なデザインで、かつ軽やかさがあり、決してイヤミがありません。

　ネクタイはストライプのものを愛

用しているようですが、その日の予定（候補者の応援など）に合わせて色使いを変えたりして、最も効果的な色を選んでいるようです。この辺りも、周囲への配慮が伝わる、にくい演出です。

地方の農家を回るときには、ジャケットを脱ぎ、タイをとって、シャツに腕まくりが定番です。どこかのおんぶ政務官とは異なり、国民と同じ土俵に立って同じ高さに目線を合わせる、という姿勢が感じられます。

進次郎氏の目線の送り方も、また秀《ひい》でています。アイコンタクトをとると、次の人の顔を見る前に少し長めに前の相手に目線を残すのです。名残惜《なごりお》しさを感じさせるようなこんな目線の使い方をされたら、誰だって心を鷲づかみにされてしまうでしょう。

コーネル大学の心理学者であるロバート・スターンバーグ氏によると、進次郎氏のように、自分の見せ方をコントロールして対人関係をうまく築けるということは、有能な人と思われるための最も重要な要素なのだそうです。人々が何を求めているかを的確に判断し、それを体現するための方法論を持っているということですから、彼のことを魅力的に感じるのは当然でしょう。

一方で、力があっても、国民に警戒心を抱かせる政治家がいます。そういう政治家は、得てして利己的で、他者目線が備わっていませんから、弱者への思いやりを感じさせないのです。「思いやり」と「有能さ」、この二つの要素があって初めて、国民はその政治家を信頼するのです。

進次郎氏はずっとエリート街道を歩んできたわけではなく、大学卒業後には、ニートを経験しています。その頃の様子が週刊誌に取り沙汰《ざた》される時期もありましたが、ニート時代を経て、そののち政治家を目指します。

そうして進次郎氏は、政治家になるため、アメリカのコロンビア大学に留学しました。大学在学中はニューヨークに二年間、その後シンクタンクに勤め、ワシントンで一年間、過ごしています。この間、アメリカに集った若きエリート候補生や研究者の卵たちと過ごすことで、良いサンプルも悪いサンプルも色々と目撃してきたのではないでしょうか。実際の体験は、本やメディアを通して学ぶことよりも、はるかに有益な情報となったことでしょう。

進次郎氏は、「アメリカで生活をしているときに、外国人の目に日本人の姿がどう映っているのか、どのようなルールが世界共通で、日本とは何が異なるのかを学ばされた」と、のちに語っています。また、「良き国際人たるには、まず日本人に尊敬される良き日本人でなければならない」とも……調和を重んじる日本の文化も大切にしているのでしょう。

進次郎氏は「将来の首相」などと呼ばれ、二〇一五年に第二九代カナダ首相になったジャスティン・トルドー氏ともよく比較されています。二人はいずれも有名政治家一家に生まれ、父親が首相で、ルックスに恵まれ、スポーツ万能で人心掌握術に長《た》けており、多くの国民からも支持されているといった、数多くの共通点を持っています。

トルドー氏は、四三歳の若さでカナダの首相になりました。進次郎氏が幼い頃から尊敬しているジョン・F・ケネディが大統領になったのも四三歳です。進次郎氏はいま三〇代半ば。この二人を超える早さで、進次郎氏が首相となる日は来るのでしょうか。

岸田文雄元外相の自己演出力

さて、安倍首相の次を担うとされる政治家、岸田文雄《きしだふみお》元外相。その振る舞いは、非言語コミュニケーションの観点で採点すれば、合格点です。クラシックなスタイルが定番で、「装い」は控えめなのですが、いつも身体にぴったりとフィットしたスーツをエレガントに着こなしています。

歯のホワイトニングもされているのでしょう。美しく揃った白い歯を惜しみなく出して、よく写真に収まっています。写真を撮る際に白い歯を見せるのは、日本人はあまりやらないことですが、とても魅力的に映ります。オバマ大統領もいつも歯を出して微笑んでいたのが印象的です。歯が白いというのはトップの義務ですので、他の政治家の方々にも、ぜひ見習っていただきたいところです。特に外国との交渉事が多い立場の政治家には必須です。

ただ、笑顔の際の歯の見せ方には、ちょっと気を遣う必要があります。

——外交の場では、笑顔のときには、上の歯だけを八本ほど見せるのが基本です。下の歯が見えてしまうと下品な印象に見えますし、歯茎《はぐき》を出すことも好ましくないとされています。その点も、岸田氏はしっかりと心得ているようです。公式な写真を拝見すると、すべて、上の歯を八本見せた表情で撮られています。

さすが長年にわたって世界中を飛び回っているだけあって、振る舞いは洗練されています。

まず、アイブロウフラッシュという仕草を効果的に使っています。アイブロウフラッシュとは、眉毛をさっと上げる仕草で、相手とコミュニケーションをしながらこの仕草をすることで、「あなたに会えて嬉しい」「あなたの話はとても面白いですね」という気持ちを、ストレートに伝えられるボディランゲージです。アイブロウフラッシュをうまく使えば、会話は自然とはずみ、相手とのコミュニケーションも深まるでしょう。

岸田文雄氏（写真：共同通信イメージズ）

岸田氏の握手もスマートです。足を軽やか

に運んで、笑顔で相手の目をしっかりと見つめて挨拶をしながら握手をしています。この握手も、お互いが心地よく感じられるくらいの強さの握り方。相手が女性であろうが、力は極端にゆるめてはいけません。お互いがちょうど心地良いと感じる強さで握り合わなければなりません。

また、通訳を介すときには、ついつい相手の顔よりも通訳に顔を向けてしまいがちですが、岸田氏は、それも必要最低限に抑えているところにも好感を抱きます。

エヴァンゲリオン・タイの勘違い

次は、東日本大震災の被害をめぐり「起こったのが東北で良かった」という大失言のあと、復興大臣を辞任に追い込まれた今村雅弘氏——そのエヴァンゲリオン・タイは、世界のマニアたちを喜ばせましたが、一般の人々を呆れさせました。

今村氏は、二〇一七年四月に行われた記者会見で、執拗に質問してきたフリージャーナリスト・西中誠一郎《にしなかせいいちろう》氏に対して、「出て行きなさい」「うるさい」と声を荒らげ、その姿がメディアで放送され、多くの物議を醸しました。このときは、東京電力福島第一原発の事故によって自主避難を余儀なくされた人たちの行動を「本人の責任」と述べ、その発言の是非《ぜひ》を問われると、三日後にしぶしぶ撤回しました。

さらには、そのあと東京都内で行われた自民党二階派のパーティでは、東日本大震災の死者行方不明者数や被害総額に触れて、「死者が一万五八九三人、行方不明者二五八五人、計一万八四七八人。この方がですね、一瞬にしてですね、命を失われたわけであります。これはまだ東北でね、あっちのほうだったから良かった。これがもっと首都圏に近かったりすると、莫大《ばくだい》なですね、甚大《じんだい》な被害があったと思っております」と、耳を疑うような発言をしました。

パーティ閉幕後、今村氏のもとに駆け寄ってきた記者から、「大臣、あの発言は何だったのですか？」と聞かれても、きょとんとした表情を見せるだけで、秘書官からメモを渡されるまで、自分の発言が何を意味するか、それを理解していなかったようです。結局、そのあと謝罪し、問題の発言を撤回、辞任を表明しました。

さて、この今村氏がたびたび着けていたのが、「新世紀エヴァンゲリオン」柄のネクタイ。新世紀エヴァンゲリオンは庵野秀明《あんのひであき》監督のSFアニメで、一九九〇年代には社会現象にまで発展しました。当時は、アニメ制作会社であるガイナックスが制作を手掛けていました。

このガイナックスは、二〇一五年四月に被災地の復興を支援するため、福島県三春町に子会社の「福島ガイナックス」を設立しています。そこを今村氏が訪れた際に、このネクタイをもらったと本人は話しています。

復興庁で会見中の今村雅弘氏（写真：テレビ朝日映像）

今村氏は、「なぜエヴァンゲリオンのネクタイを着けているのですか？」という質問に対し、「風評対策を含めて、とにかく地元のいろいろな企業を元気にしようという思いで、今日は締めてきたということです。エヴァンゲリオンの柄です、動く広告塔であります」と説明していましたが、実はエヴァンゲリオンシリーズの版権は、いまはガイナックスにはなく、監督である庵野秀明さんが設立したアニメ制作会社が持っています。つまり、福島の企業とエヴァンゲリオンは、いまや無関係なわけです。ここにも、今村氏の脇の甘さを見てとることができます。

いうまでもなく、会見の場でエヴァンゲリオンのネクタイは不適切です。その前にあった自民党二階派のパーティで着けていたものなので、そのまま出てしまったのでしょうが、いついかなることが起きても瞬時に最善の対応ができるよう、政治家たるもの、オフィスにネクタイを何種類か用意しておくべきです。この日、今村氏がエヴァンゲリオン以外のネクタイを持っていなかったとしても、秘書などのネクタイを借りるべきだったでしょう。

そのあたりの機転が利《き》かないということからも、自分の行動や発言がどのように受け止められるかを深く考える人ではない、ということが分かるのではないでしょうか。

マクロン大統領の五万円スーツは

年上女性の心をくすぐるような甘いマスクで、多くのメディアの注目を浴びる若きフランス大統領、エマニュエル・マクロン氏。彼のトレードマークといえば、真っ白のシャツに紺のスーツ、そしてスーツと同系色の紺色のネクタイです。

鍛えられた身体に合わせて、スーツもネクタイも、少し細身のものを着ています。シルエットが全体的に細いがゆえに威厳には欠けるものの、マクロン氏の軽快で颯爽《さっそう》としたスタイルは、見る者に若々しく溌剌《はつらつ》とした印象を与えます。

大統領就任時、マクロン大統領は、どのブランドのスーツを着ているのか注目されました。そこですぐに名前があがったのがパリの紳士服店「ジョナス」です。さらに注目されたのが、スーツの価格……大統領就任時に来ていたスーツの価格は、多くの国民の予想を覆して、なんと四五〇ユーロ（約五万六〇〇〇円）というリーズナブルな価格だったのです。

大手の投資銀行員だった頃のマクロン氏は、一〇〇〇ユーロもする高級スーツを着ていました。しかし、高級スーツの印象が前に出過ぎては、「裕福さを鼻にかけている」「庶民の気持ちが理解できない奴だろう」と反感を買ってしまいます。

なぜマクロン氏が四五〇ユーロのスーツを選んだのか――実は、これには背景があります。大統領選挙期間の終盤、最有力候補とされてきた中道右派の最大野党、共和党のフランソワ・フィヨン氏が、友人から一万三〇〇〇ユーロ（約一六二万円）相当の「Arnys」のスーツを二着プレゼントされていたことが報道されました。それだけでなく、二〇一二年から同じブランドで、計三万三五〇〇ユーロ（約四一八万円）ものジャケットやスーツをキャッシュで買っていたなどと、金銭面でのスキャンダルが立て続けに報じられていたのです。

マクロン氏は、そのフィヨン元首相との違いを浮き彫りにするためにも、「庶民派」「誠実」「謙虚さ」を売りにしていこうと思ったのでしょう。政治の世界に足を踏み入れてからは、パリの中級ブランドなどを着るようにしています。

アメリカの財務長官の妻が、高級ブランド品を見せびらかすようなファッションをインスタグラムに投稿し、炎上しました。税金の無駄遣いと無駄に叩かれぬよう、世論を見ながら、あえてドレスダウンする……しかし見た目の品格は保つ……こうしたことができるのは、良いものを知り尽くしている人だからこそなのでしょう。

コラム◆3　永田町と違うアメリカの男性議員のスタイル

二〇一七年に出張で訪れたワシントンでは、時間の許す限り議員やビジネスパーソンらをチェックし、なかでも議員については約六〇〇人分のリサーチファイルを作りました。すると永田町と大きく異なるのが、アメリカの男性陣が一様に、身体の線にぴったりとフィットしたスーツを選んでいるということでした。

政治の世界では、身体にフィットしたものを着ているかどうかというのは、とても重要なポイントです。

ワシントンには数え切れないほどの仕立屋がありますが、それはおそらく、それだけ人々が「装い」にこだわっているからでしょう。高額な仕立てのスーツは、それだけの価値を生む、と考えられているのです。

議員のスタイルは、白のドレスシャツに無地または小紋柄のタイを合わせるのが基本です。ジャケットの両サイドにスリットが入ったサイドベンツで、かっちりとしたシルエットのブリティッシュスーツを着用しています。

靴も多くがイギリス製と見られる紐付きの革靴。みんな基本に忠実な、無駄のないシンプルな「装い」をしていますが、そんな制限があるなかでも、それぞれがお洒落を楽しんでいることが分かります。

政治の世界でもビジネスの世界でも、ひときわ目立つ格好をしていると、本業以外に気を取られているのでは？　という望ましくないメッセージを発してしまいます。

一方で、徹底的にシンプルなスタイルは、本業に専念しているという印象を与えることができます。

「洋服において、男性の選択肢の幅は狭い。だからこそ、女性服ほどの広がりはなくとも、その分、深みがある」という言葉を、グッチやイヴ・サンローランのクリエイティブ・ディレクターを務めたトム・フォード氏が残していますが、制約のなかでも粋《いき》な工夫《くふう》を感じさせることができる人ほど、本物のセンスの持ち主だといえるのでしょう。

第四章　欧米と日本の女性「装い」の大違い

稲田朋美と小池百合子の大違い

イタリアの国防大臣にロベルタ・ピノッティ氏が、ドイツの国防大臣にウルズラ・フォン・デア・ライエン氏が就いたように、女性が国防大臣や防衛大臣といったポジションに就くのは、世界的に見てもそれほど珍しくない時代になりました。日本では二〇〇七（平成一九）年に小池百合子《こいけゆりこ》氏が初の女性防衛大臣になり、二〇一六（平成二八）年には稲田朋美《いなだともみ》氏が防衛大臣に就任しました。

国家の安全保障を担保するという重要な責任を担う防衛省のトップである防衛大臣は、国を守る組織のシンボルです。当然、この立場に立つ者には、権威と知性、安定感や厳格さといったイメージが求められます。

――しかし稲田氏は、自身の立場の重さが分かっていなかったようです。

新しい防衛大臣が就任すると、自衛隊から栄誉礼を受けるのがしきたりですが。二〇一六年に防衛大臣となった稲田氏は、この式に、お得意の少女っぽいガーリーな姿で現れました。自衛隊全体を統轄する重い責務を担う立場にもかかわらず、ストライプのリボン付きジャケットと黒のタイトスカートで、大切な式典に参加する装いとしては、あまりにも軽率な選択といわざるを得ません。

防衛大臣の栄誉礼に臨む小池百合子氏（写真：共同通信イメージズ）

防衛大臣の栄誉礼に臨む稲田朋美氏（写真：防衛省）

小池百合子氏が防衛大臣に就任した際には、もっともフォーマル感のある黒色のパンツスーツを選びました。インナーもジャケットとは異なるトーンの黒を持ってきて、限りなく落ち着いた装いを心がけていたことが分かります。

さらに、遠目から見て単なるブラックスーツに見えないよう、光沢感にはこだわり、胸元には銀の装飾をつけていました。一見、ただの装飾のようではありますが、この一つが加わるだけで、見た目からビジネス色や喪の印象が排除されます。

このように、素材感や小物一つで見た目の印象や権威レベルを自在に変える力を、小池百合子氏は知っているのでしょう。前述の稲田氏のスタイルが「自分目線」のスタイルであるのに対して、小池百合子氏は「他者目線」で「装

富士総合火力演習を視察する稲田朋美氏（写真：防衛省）

い」を意識しているのは明らかです。

稲田氏はこのとき国内外から数多くの非難を受けたにもかかわらず、二〇一七年二月に行われたマティス国防長官との対面の日にも、懲りずにポニーテールにリボンのジャケット姿で登場しました。なぜ側近の方々は誰も助言を与えないのでしょうか……。

稲田氏の勘違いファッションは止まりません。富士総合火力演習を視察するときには、ふわふわのラフルが付いたインナーにピンクのジャケットを羽織《はお》って、リボン付きの麦藁帽子《むぎわらぼうし》姿で登場。外国軍隊への示威《じい》活動としての側面を持つこのイベントは、当然、海外のメディアにも放映されます。国防大臣がリボンを付けて公の場に出るのは前代未聞のことです。

また、ソマリアに海上自衛隊を視察に行く際には、なんと、Tシャツにキャップ、サングラス、青いバッグを肩から掛けて、まるでこれからハワイに行く芸能人のような格好でした。さらに南スーダン視察の際には、韓流アイドル「BIGBANG」の帽子をかぶっていました……。

防衛大臣といえば、その国の安全を体現する存在。その存在がアイドルグッズを身にまとって何とも思わないという判断力には、呆れ返ってしまいます。それを本人が気づけないのであれば、誰かが教える必要があるでしょう。

発言もファッションも世界の失笑

二〇一七年六月三日にシンガポールで開かれた「アジア安全保障会議（シャングリラ・ダイアローグ）」に出席した稲田氏は、黄色いインナーに白のレースのカーディガンジャケットという、ビジネス・カジュアルスタイルで参加しました。残念ながら、このスタイルでは、まったく威厳を感じられません。

ビジネスや政治のドレスコードとして、ジャケットにしてもインナーにしても、透けないものであるというのが鉄則です。真剣な場であればあるほど、服装に用いる色や柄は抑えるべきです。さらに、このような場で黄色やピンク、オレンジ、緑といったカラーは明らかに不向きです。この場合は、きちんとした重みのあるテイラードのジャケットに膝丈《ひざたけ》のスカートを合わせて、スカートスーツに徹するのが正解だったでしょう。

このときの問題は装いだけではありません。オーストラリアとフランスの国防担当大臣とともに壇上に上がりスピーチを始めるや否《いな》や、「ご覧の通り、私たち三人には共通点があります。同じ性別で同じ世代……」、そして肩をすくめて、「全員がグッドルッキングです！」

アジア安全保障会議でフランスのシルヴィ・グラール国防担当大臣と握手する稲田朋美氏（写真：防衛省）

と発言したのです。このぶりっ子まがいの発言に、会場にいた人たちは呆れ返りました。「他人目線」を失った発言といわざるを得ません。

この様子を見ていたジャーナリストたちは、強い違和感を覚えたといいます。フランスのルモンド紙の女性記者は、「女性である大臣自身が、女性差別的な発言をしたのに驚いた」と感想を述べています。

ひょっとすると稲田氏は、冗談で会見の場を盛り上げようとしたのかもしれません。しかし地位と容姿についてあれこれ言及するのは、ビジネスや政治の場ではタブーです。実際、オバマ大統領が在任中、カリフォルニア州のカマラ・ハリス司法長官の容姿を「彼女は聡明で献身的でタフ。アメリカの司法長官としては、ずば抜けて美人だ」と褒めたことが物議を醸し、長官に謝罪する事態が起こりました。能力や業績を軽視し、見た目でのし上がったかのようなことを感じさせる発言は、ビジネスの世界でも政治の世界でも、慎まなければなりません。

二〇一六年の大統領選で、トランプ氏が女性の容姿についての発言を繰り返し、世界中から非難を浴び続けましたが、稲田氏はご存知なかったのでしょうか。

週刊新潮の取材によると、稲田氏は、大学生のお嬢さんからアドバイスを受けて、その日の装いを決めているようです。ひょっとしたら、まぶたに光るピカピカのラメのアイシャドウも、お嬢さんからのアドバイスなのかもしれません。

その稲田氏のお嬢さんはインタビューで、「ピアノの発表会に出るときのスタイルをイメージして母親の洋服を選んでいます」と話していますが、明らかに間違っています。大臣として何を選ぶべきで何を選ぶべきではないかを、経験のない娘さんに委ねるのも誤りです。自分で判断できないのであれば、国の安全や国益を預かる立場にいるときくらいは、経験豊かなその道のプロから助言を得るべきです。

稲田氏は、二〇一七年の東京都議会議員選挙でも、自衛隊を政治利用したと非難を浴びましたが、演説後、多くのマスコミに囲まれ、「どうしてこんなにもたくさんの人たちが集まってきているのですか？」「どういったことを申したかは覚えておりません」と発言しました。自身の発言の重さを理解せず、公務と政務の違いさえわきまえないような姿勢は、そのファッションのスタイルにも、そのまま反映されているようです。

二〇一七年七月、南スーダン国連平和維持活動（ＰＫＯ）に派遣された陸上自衛隊の日報が隠蔽《いんぺい》された問題を巡り、責任を取って辞任した稲田元大臣ですが、二〇一六年九月の「日・米物品役務相互提供協定」（日米ＡＣＳＡ）の署名の際に見せたピンクのジャケットに大きなリボンの姿は、メディアを通し、世界中の人々に、いったいどのように映ったのでしょうか……。

その立場に応じた服装を心掛けることは、国民だけではなく、他国の人々に対しても敬意を払うことになります。世界情勢が不安定になっている現在、日本の政治家の言動もますます注目されています。国を守る組織のトップに立つ者たちが、いつまでも裸の王様のままでいてはなりません。

参考にすべきは欧米の女性大臣

組織のトップに就いたとき、まず変えなければならないのは、一目でこの人がトップだと分かるスタイルにすることです。その組織の規模が大きければ大きいほど、この人に最高権限があるということが誰の目にも分かりやすく伝わるスタイルでなければなりません。

色で表現するならば、権力や権威、あるいはリーダーシップを連想させる、黒、または限りなく黒に近い濃紺やチャコールグレーがふさわしい色となります。またシルエットは、立体感があってシャープなものを選ぶべきです。素材は滑らかで高級感のあるもの。ニットやレース、ツイードなど、ラフな素材は好ましくありません。

デザインはトレンドを意識したものでも、変に無骨《ぶこつ》で男性的過ぎてもいけません。ある程度身体のラインにフィットしたものが理想的です。また柄に関しては、可愛らしさを感じるチェックや甘さを彷彿とさせる花柄などは避けるべき。そして、できるだけ性差を感じさせないクラシックなデザインを選ぶべきでしょう。

先述した稲田朋美氏のジャケットに付いていたリボンや、ジャケットに合わせていたヒラヒラのインナーシャツ、頭に着けたシュシュは、か弱い未熟な女の子を象徴するディテールです。彼女の立場にふさわしくないのは、誰の目にも明らかです。稲田氏は網タイツを穿くこともあり、一部では「稲田大臣＝網タイツ」といった印象も根付いているようですが、当然、網タイツなど穿いてはいけません。

正しいジュエリーは、誰の目から見ても品と威厳のある貴石やパール、ゴールドやシルバーでデザインされたクラシックなタイプにすべきです。そして、プロフェッショナルで隙《すき》のないメイクも忘れてはいけません。

女性が化粧をしないでビジネスや政治の世界に出ると、プロ意識が低い、仕事に対する資質や能力が低いとみなされる社会的風潮があります。一方で、衆議院議員を務めた上西小百合《うえにしさゆり》氏のように、ばっちりと髪を巻き、ゴテゴテのメイクを施し、化粧に精力を注ぎ込み過ぎると、「不真面目《ふまじめ》で、女性を売りにしており、逆に仕事はしていないだろう」とみなされてしまいます。

どのような場においても、何がどこまで許されるのか、その許容範囲くらいは判断できそうなものです。が、日本では、いままで良いお手本となる女性が存在しなかったのかもしれません。

日本で男女雇用機会均等法が成立し、女性が管理職に登用され出してから三〇年ほどが経ちました。三〇年前は、女性の係長比率は三％に届きませんでしたが、現在は従業員一〇〇〇名以上の大企業でも、係長の二割を占めるまでになっています。

ここ数年のことではありますが、ようやく女性が本格的に管理職に登用されはじめています。国内で彼女たちのお手本になる人がいないのであれば、海外の女性大臣、あるいは女性エグゼクティブのスタイルを参考にしてみるのも良いでしょう。

たとえばドイツの国防大臣であるウルズラ・フォン・デア・ライエン氏です。彼女のスタイルは、黒や濃紺のパンツスーツに明るめのシャツやカットソーが基本。ネックレスやピア

ドイツの国防大臣、ウルズラ・フォン・デア・ライエン氏（写真：ゲッティ イメージズ）

スなどの煌《きら》びやかな装飾は控え、男性色の強い組織のなかにあっても、静かな威厳を放っています。しかし女性が多く集まる講演会などに呼ばれた際には、ジャケットの色をベージュや白など明るめの色に変えて、耳元にパールを足すなどして、印象を華やかにしています。

イタリアの国防大臣ロベルタ・ピノッティ氏も、基本は濃紺やブラックのパンツスーツやジャケットスタイルが定番。それだけでは男性のスーツスタイルとまったく同じになってしまうところですが、素材に艶やかな光沢感のあるものを選んだり、硬くなり過ぎるパンツスーツには顔まわりが明るく映えるストールをプラスしたりして、女性ならではの華やかさを演出しています。

イタリアの国防大臣、ロベルタ・ピノッティ氏（写真：ゲッティ イメージズ）

普段はスカート姿が多いイギリスのテリーザ・メイ首相も、どのような印象を演出するかに合わせ、パンツかスカートかを賢く選択している女性の一人です。たとえばヨルダンなどの軍事基地を訪れる際には、威厳とパワーを感じさせる上下黒のパンツスーツで登場。スカートは女性のフォーマルウェアなので別に穿いても良いのですが、このときはパンツのほうが効果的だと考えたのでしょう。スカート着用時に性差を強調させないためには、黒やネイビーといった色で抑えるという方法もあります。

ドイツのメルケル首相もウルズラ・フォン・デア・ライエン氏と同様に、男性と互角に戦っている印象を与えるパンツスーツを基本のスタイルとすることで、男性的でかつ行動的、そして威厳のあるリーダーシップ・スタイルを採用しています。

つまり、男性的なのが良くて女性的なのが悪いのではなく、目的と自分に与えられた使命にふさわしい「装い」を使い分けられるかどうか、それがポイントなのです。

女性管理職の参考になる人物とは

女性らしさを大切にしながらも威厳のあるスタイルを確立しているのが、アメリカで最も影響力のある女性と呼ばれたコンドリーザ・ライス元国務長官です。

女性においては、スカートスーツはパンツスーツよりもフォーマルな装いになります。仕事ができるタフな女性をイメージさせるパンツスーツを選ぶ女性政治家が多いなか、ライス氏はパンツよりも膝丈のスカートタイプのスーツスタイルを基本としています。合わせるテイラードのジャケットも、引き締まった身体に完璧なまでにフィットしています。

ジュエリーは品格を感じさせるパールのネックレスやダイヤのピアスを控えめに数点身に着けるだけ。「装い」に色や柄をあまり取り入れず、控えめながら、内側からにじみ出る品の良さで存在感を発揮していました。

その一方で、講演会などに呼ばれて大勢の人たちの前で話すときには、コンリバティブからスタイルを一転させ、主役にふさわしい鮮やかな赤やサーモンピンクのジャケットを選

国際通貨基金専務理事のクリスティーヌ・ラガルド氏（写真：共同通信イメージズ）

スカートスーツ姿のコンドリーザ・ライス氏と小池百合子氏（写真：共同通信イメージズ）

び、メイクもさりげなく変えています。

同じレベルの品格を保ちながらも、脇役にも主役にもなれるライス氏の「装い」は、これからエグゼクティブを目指す女性たちにとっての良き模範となるでしょう。

ヒラリー・クリントン氏のように、リーダーシップを発揮する女性のスタイルは、男性的なテイストに偏りがちですが、女性らしさを抑えたスタイルにこだわり過ぎると、男性に敵対心を持っているかのような印象を与えてしまいます。

アメリカ連邦議会下院議長を務めたナンシー・ペロシ氏や、国際通貨基金（ＩＭＦ）専務理事のクリスティーヌ・ラガルド氏は、パンツスーツを着ているときでも、インナーに柔らかい色味や綺麗な発色のものを持ってくることで、女性らしさを加味しています。また、保守的なカラーのジャケットでも、シルエットに柔らかさを持たせることで、威厳と女性らしさとのバランスを保っています。

次に紹介する小池百合子氏も、この辺りの微妙なさじ加減を考えて、自分に似合い、かつその場にふさわしいスタイルや色、素材や柄を考えることが上手です。彼女のスタイリングは、日本の女性管理職の方々の参考になるでしょう。

小池百合子の着まわし術

自己演出に最も長《た》けた女性政治家といえば、小池百合子・東京都知事の名前が挙げられます。二〇一六（平成二八）年八月、日本で初めての女性都知事となり、海外からも注目されましたが、その後も、その政治的手腕だけでなく、彼女のファッションも注目され続けています。

小池氏の衣装は毎日、話題にされています。どれだけ多くの洋服を持っているのだろうかと思う人も少なくないでしょう。スタイリストが付いており、すべてコーディネートしてもらっているのだろう、などとも囁《ささや》かれています。

しかし小池氏は、女性週刊誌から受けたインタビューに対し、「服は自分でデザインしているし、スタイリストが付いたことは一度もありません」と答えています。

実際のところ、都知事になってからは、買い物に行く時間も見つけられないでしょう。実は小池氏のスタイルを過去にさかのぼってリサーチしてみると、都知事になってから急に洋服や小物の数が増えたわけではありません。以前から持っているアイテムを、とても上手にコーディネートしているのです。

たとえばジュエリーや小物類。昨今のスタイリングを見ると、なんと一〇年以上も前から使っているネックレスやピアスを身に着けているのです。小池百合子氏のトレードマークのような存在になっているゴールドのプレーンなネックレスや複数のカラーが入ったパールは、数々のファッション雑誌やメディアで「あのネックレスのブランドは?」などと取り上げられていますが、このネックレスは、さかのぼれば二〇〇八(平成二〇)年頃から頻繁に使っています。

いつも同じジャケットやスタイルで合わせているなら、このネックレスも人々の記憶に残るでしょう。しかし、じかに首の下に着けた翌週にはタートルネックの上から合わせたり、洋服との合わせ方を逐一変えることで、見事に印象を変えています。そのため、一〇年ものあいだ頻繁に活用しているにもかかわらず、古くささを感じさせません。それどころか、新鮮な印象を与えるコーディネート力を発揮し、その引出しの豊富さには驚かされます。

小池氏の、「装い」を武器にした自己演出術は、環境相や防衛相を務めていた頃からひときわ目立っていました。

変化させているのは、ネックレスやイヤリングだけではありません。一つのジャケットも、何十通りにも、上手に着回しています。

小池氏がよく着るジャケットは、ほんのりウエストをシェイプさせたスタイル。襟元や袖元、あるいは首元のいずれかに、艶《つや》やかな光沢感がプラスされています。堅いイメージの地味な色のジャケットには、女性らしさを加味するストールを合わせるのも定番スタイルです。

また一つのジャケットを、袖を折る、ボタンを外してカーディガン風に羽織るなど、いくつものパターンでコーディネートしています。

たとえば二〇一六年に訪れたリオデジャネイロでは、同じパンツスーツでもインナーの色を、ベージュ、赤、青と一日に三回変化させて印象を変えていました。同じジャケットを月に四～五回着ることもざらです。リオデジャネイロでのジャケットは、初登庁の際にも着ていました。

小池氏は、ジャケット一つをとっても、それに合わせるネックレスやスカーフの種類を変えることで、全体の印象をガラリと変えている。特にスカーフに関しては、同じものでも結び方を八種類も持っているから驚きです。

小池氏が他の女性議員と違うのは、このようにディテールに気を配り、手を抜かないことでしょう。そして、どれだけ色を使っても派手に見えないのは、その色使いに知性を感じさせるからです。単純な色の組み合わせに終始し、ジャケットにスカートとパンプスを合わせただけの議員とは、隔絶しているといえます。

ＩＭＦ専務理事か東京都知事か

ここで、小池百合子氏のコーディネート法を参考にしながら、一般の方にも取り入れやすい方法を紹介します。イメージコンサルティングの世界でよく使われる、カプセルワードローブというコーディネート法です。これは、一つのアイテムを軸にして、それに合わせられるアイテムを最低五パターン用意するというものです。

たとえばジャケット一つを軸にするならば、それに合わせるスカートやパンツ、そしてインナーを、五種類ずつ揃えます。そうすることで、一着のジャケットを二五種類のパターンで着こなすことができるのです。これにストールやネックレスが加われば、さらに印象を変えることができ、パターンはさらに広がります。小池氏は、このような着まわし術を見事に駆使しているのです。

人前に出ることの多い女性経営者が持つべきは、数多くの洋服よりも、着けるだけで洋服の印象を変えることのできる小物です。特に、ブローチ、スカーフ、ネックレス、そしてイヤリングを数多く持つことをお勧めします。

なかなか洋服に投資が回せない人は、まずはプレーンなジャケットやスーツ、パンツやスカートなどを増やし、小物で広がりを見せていくと良いでしょう。できれば長く使えるファインジュエリーを選ぶようにしてください。

自分の顔の個々のパーツや身体のスケールも考慮したほうがいいでしょう。たとえば顔のパーツが小さめの人は、小さなサイズのものを選びましょう。一方、顔のパーツの大きい人は、少し大きめでも調和がとれます。小池氏の例でいえば、顔のなかのパーツ一つ一つが大きいため、大粒のパールや多連ネックレスが似合います。

欧米の女性エグゼクティブは、自分の顔立ちを引き立てるタイプのジュエリーや、保守的ななかにも女性らしい洗練さを引き立てるスカーフ、品格のあるブローチなどを積極的に着けています。

特にその使い方に優れているのが、先述のＩＭＦ専務理事、クリスティーヌ・ラガルド氏。彼女はシンプルなスーツにも、必ずブローチかスカーフをうまくあしらっています。おそらくコレクションしているブローチの数は相当なものでしょう。スカーフの巻き方も、これまでに一五パターン以上のアレンジを見せています。

ブローチとスカーフの合わせ使いや、スカーフとネックレスの合わせ使いも抜群です。こうしたテクニックを持っているのは、日本の政治家のなかでは、小池百合子氏以外には思い当たりません。

アメリカの下院議長を務めたナンシー・ペロシ氏も、ブローチやスカーフなど女性ならではのキャリアエッセンスをうまく取り入れながら、仕立ての良いジャケットとスカートを組み合わせたクラシックな基本スタイルを築いています。ネックレスの光沢感や重厚感を上手に見せて、ショールやスカーフの色や柄を巧みに使い分けることで、自身の印象をうまくコントロールしています。

スカーフは上層階級でよく使われるアイテムであり、その結び方と柄の選び方が注目されます。二人はその期待に応える「装い」ができている——そう断言していいでしょう。

蓮舫の指先が見えるパンプスは？

アメリカ連邦議会の議事堂に明記されたドレスコードはないものの、暗黙のドレスコードは存在します。女性議員のそれは、黒かグレーかネイビーのスーツまたはスーツに準ずるものに、ヒールの靴を合わせるというものです。

パステルカラーは、インナーやスカーフまでは許されます。「明らかにデザイナーズスーツだと分かるものは着ない」というのも暗黙のルールになっています。ファッション性の強い柄タイツや、動くたびにゆらゆらと耳元で揺れるようなピアスもご法度《はっと》です。

私が二〇一七年の春、ワシントンへ出張した際に間近で見た女性議員たちの服装は、ネイビー、ブルー、黒、グレー、白の五色が圧倒的でした。ダークグレーやミディアムグレー、ネイビーのスーツまたはジャケットを着ている人が九〇％以上。つまり、男性が着ているものと同じカラーを女性も身に着けていることになります。

日本の議員のように「私に注目して！」「ここにいるのよ！」と主張する、オレンジやピンク、あるいは黄緑のような不自然な色のジャケットを着ている人は一人もいません。

指先の見えるパンプスを履く蓮舫氏（写真：共同通信イメージズ）

しかしインナーやスカートに限っては、赤や紫といった鮮やかな色を取り入れている女性議員の姿はよく見られました。顕著だったのが、ネイビーのパンツスーツに赤のインナー、ネイビーのジャケットにワインレッドのタイトスカートといった組み合わせです。

色のなかで、ピンクに次いで女性らしさを感じさせる色といえば赤です。アメリカでも昔から、多くの女性経営者や政治家たちが赤を愛用してきました。この赤をジャケットやストール、ハイヒールに取り入れている女性議員も多く見られました。

足元を見てみると、定番は黒やベージュのハイヒールです。ヒールのないフラットシューズを履いている人は、まず見かけません。当然、民進党元代表の蓮舫《れんほう》氏が履いているような指先が見えるオープントゥーのパンプスの人も見ません。

オープントゥーは、政治だけでなくビジネスでも、ふさわしくありません。ましてや、どぎついショッキングピンクの爪をオープントゥーから覗《のぞ》かせながら男性政治家と並ぶ姿には、違和感しか抱きません。

目立ったのは、若い女性議員のパンプスの色です。熟年層が黒のパンプスを履いていることが多いのに対し、三〇代から四〇代と思《おぼ》しき女性たちは、ベージュのハイヒールを履いている人が圧倒的に多いのです。

ベージュのパンプスは、女性の脚を最も長く見せてくれます。スーツを身に着けると全体的に重く見え、アジア人の髪色は、さらに重みを感じさせます。足元を黒からベージュに変えるだけでも軽快な印象に変わりますので、身長が低い人や、脚の長さにコンプレックスを感じている人は、ぜひ試してください。

稲田朋美が髪型で失うもの

ヨーロッパの議会でも、女性議員には保守的なスタイルが目立ちます。

しかし「第二の鉄の女」と呼ばれるテリーザ・メイ英首相は、女性のトップリーダーのなかでも、攻めのスタイルをとっています。議会でスピーチをする際にはダークスーツでビシッと決めますが、足元にはヒョウ柄のパンプスを履いたりします。基本的にはネイビーやチャコールグレーのテイラードスーツでまとめながらも、足元で外す、というスタイルを貫いています。

過去のテリーザ・メイ首相の姿をさかのぼって見ると、二〇〇二年頃から、さりげなくファッションで個性を主張し始めていたようです。そして政治家としてのランクが上がるごとに、ファッションへのこだわりを隠さなくなっていったことが分かります。

欧米では、メイ首相のファッションは、彼女の政治的立場に同意しない女性からも敬意を得ているようです。メイ首相は、「頭の良さとファッション好きなのは、反比例しない！」というメッセージを発信しているともいえるでしょう。仕事はきっちりとこなしながらも好きなファッションを楽しむ、という姿勢が窺《うかが》えますし、「政治家はセンスが悪い」「お洒落に

ヒョウ柄のパンプスで「足元で外す」メイ首相（写真：共同通信イメージズ）

こだわっている人は頭が悪い」という先入観を覆してくれます。

　しかし、メイ首相のようにファッションにこだわりを強く出せるのは、立場の高い人に限った話なのかもしれません。一般の人が個性のあるスタイルをするには、やはりある程度の覚悟が必要でしょう。

　政界だけでなくビジネスの世界でも、実力のある女性はあえて男性と対等に見せるために、語られないドレスコードにのっとることが多いのです。ルールを外した装いや振る舞いをしていると、ちょっとしたミスでも、「ほら、やっぱりこの人はだめだ」と揚げ足を取られてしまうからです。

　女性は男性よりも選択肢が広いため、一歩間違えれば、男性よりも注目を集めてしまいます。またディテールそのものが、カジュアルに見えてしまうものも多数存在します。それを踏まえて、何を着れば最も信頼を勝ち得ることができるかを考えましょう。好むと好まざるとにかかわらず、まずは周囲が期待するものを身にまとうことが、上に立つ人に託された仕事の一つなのです。

もう一つお伝えしておきたいのが、極端に女性らしさを感じさせる「仕草」も歓迎されないということです。女性議員は、髪をかき上げる、あるいは髪の乱れを直すといった、女性の性を感じさせる仕草をしなくても済む、そんなヘアスタイルにすることが基本です。

稲田朋美氏のリボン付きポニーテールや、片山さつき氏の何十年と変わらない聖子ちゃんカットのように、日本の女性議員のなかには、年齢を超えて女の子であろうとする人々もいますが、成熟度が求められる欧米では、大人の女性にふさわしい行動とふさわしくない行動とのあいだに明確なラインがあります。

企業のCEOなどを対象にコーポレートコーチングをしているロイス・P・フランケル氏の言葉を借りるならば、「女性議員は髪に一回触れるたびに一年分の信頼が減る」のです。

ということは、人前で身だしなみを整えるたびに一つ信頼が失われていく、ということです。

また、不自然な笑顔も威厳を落とす「仕草」になります。男性に比べると、愛想笑いを見せる数が圧倒的に多いのが、女性のボディランゲージの特徴の一つです。しかし笑顔は、見せるべきタイミングではないときに見せると、媚《こび》や自信のなさと結び付けられてしまいます。

役職の高い女性ほど、男性がしない「仕草」は、できるだけ控えたほうがいいでしょう。

世界が日本の女子アナを笑うわけ

日本の女性アナウンサーのファッションは、男性の好む要素がぐっと盛り込まれたスタイルが見られます。

前髪は横流しで、顔のサイドにはカールの垂れ髪。パステルカラーのフリルやレース、リボンのついたシースルーのシャツに膝上の花柄スカート。「女性」ではなく「女子」という言葉がぴったりな格好でニュースを読み上げるのは、アジアでも日本ぐらいだと思います。二〇歳を超えてもフリルやリボン、そして可愛らしい襟のある服を着るのは、外国人からは、頭が軽そうに見られてしまうでしょう。

海外のイメージコンサルタントは、日本の女性アナウンサーのスタイルを見て、「まるでティーンエイジャーのよう」「これから彼氏とデートに出掛けるようなふわふわしたファッションで深刻なニュースを読むなんて滑稽《こっけい》」と、皮肉交じりにコメントします。

欧米のアナウンサーたちは、メイクさんやスタイリストはもちろん、イメージ戦略を立てるプロフェッショナルも起用して、装いからどのようなメッセージを放つべきか、徹底的に戦略を練っています。

たとえばFOXニュースのキャスターとそのチームは、毎日、さまざまなショップに通い、テレビ映りの良い服を選びます。勤務時間のうち、なんと二時間がこの服選びのために使われるそうですから、どれだけ慎重に服装を選んでいるかが分かるでしょう。

そして、最低三〇日間は同じ服がローテされないよう、毎日のコーディネートは写真に収められ、チェックされています。スタイリストもベテラン。どんな色やデザインが各キャスターのイメージや顔に合うのかを熟知しています。

男性キャスターのスタイルは、個人の好みがよく出ているようです。紺のスーツに白シャツなど、目立たず保守的なカラーを守るキャスターも多く見られます。たとえばアメリカで一番ファッショナブルといわれる男性アナウンサーは、アメリカの国旗の色を効果的にネクタイに用いています。パリッと仕上げられたドレスシャツに、太めの赤や青のネクタイを締める。基本は変わらないものの、ストライプのスーツやシャツを着ることもあります。

CNNやBBC、そしてFOXは、知的なセクシーさも求めます。代表されるのが、アメリカのFOXニュースのキャスターを務め、「世界で最も影響力のある一〇〇人」に選出されたメーガン・ケリー氏です。

彼女のスタイルは典型的な女性キャスタースタイル。アメリカの女性キャスターは、鮮やかで発色の良い色の服を好み、彼女も基本は黒、白、赤、青をベースにしたキリッとしたス

知的なセクシーさをまとうメーガン・ケリー氏（写真：FOXニュース映像）

タイルです。

多くのテレビ局では、キャスターのスカートは、基本的に膝丈のみと定められており、派手な柄やレザーのアイテム、ロゴ入りの服やジーンズは全面的に禁止されています。派手なジュエリー、また厚化粧も避けるべきとされています。

一般的にカメラ映りがいいとされているのは、身体にフィットするスーツやジャケット、色がブロックで上下などに分かれているデザインのものです。色は淡いものよりも鮮やかで発色の良い服が好まれます。白色の服は、照明で飛んでしまうことがあるため、基本的には避けられています。視聴者が落ち着いて番組を観られるよう、柄のある服もあまり使われません。

男性の白髪姿は、成熟さや賢さ、あるいは経験の豊かさに結びつけられるのに対し、女性の白髪姿は疲労感や老い、または能力の低さに結びつけられるため、多くの女性キャスターは白髪を綺麗に染め上げています。

近年の傾向として、アメリカの朝のニュース番組のキャスターのファッションが、少しずつ個性的になってきました。これまでは、パリッとアイロンがけされたシャツかブラウスと決まっていましたが、ワンピースが使われる割合も高まってきています。

男女の二人のキャスターが進行する番組では、二人の服の色やシルエットを合わせることが大切にされてきましたが、女性側の個性が出てくるにつれ、このバランスが崩れてきているようです。

日本のビジネス街の不思議な光景

日本のビジネスウーマンのスタイルは、世界中のどんなビジネスの場でも通用する欧米のグローバル・キャリアスタイルとは、大きくかけ離れています。

日本のビジネス街で毎朝、見かけるのは、ひらひらと風に揺れる柔らかいインナーに、Aラインのスカートを穿いて出勤している女性たちです。ジャケットよりもカーディガン率が高いのも特徴。ランチタイムには、キラキラのネイルアートをした爪に携帯を持ち、つま先やかかとが露わになったミュールを履いて街を歩いています。

こうした日本のOLの姿は、欧米のエグゼクティブの女性の目には不可思議に映ります。「まるでブラインドデート（友人の紹介等を通じて知らない相手とデートする行為）に行くかのような格好で仕事をしている」などと揶揄《やゆ》されているのです。

秘書の立場なのか、上司なのか、部下なのかは分かりませんが、スーツ姿の男性の横に並んだとき、その男性とまったく服装のレベルが合っていない女性の姿もよく見かけます。

いま日本の女性に必要なのは、気持ちが引き締まるスタイルだと思います。男性が「鎧《よろい》」としてスーツを着ている分、女性にもある程度の緊張感が必要でしょう。

欧米の女性たちは、どのような地位の男性と並んでも引けを取らない、品格と知性を感じさせるスタイルを得意としています。決して男性が鼻の下を伸ばすようなスタイルではありませんが……特にニューヨークやワシントンのビジネス街で見かけるエグゼクティブ風の女性たちには、精神的なストイックさを感じさせるスタイルを採用している人が目立ちます。

ストイックさを強調するのは、気品のあるジャケットにレザーのバッグ、そして七センチのヒールです。色使いとシルエットは潔く、デザインは研ぎ澄まされて極限までシンプルです。視線を浴びることを楽しんでいるような余裕すら感じさせます。

男性のスーツスタイルには明確なルールがいくつもありますが、女性のルールは曖昧《あいまい》です。だからこそ、女性は洋服選びに悩んでしまうのでしょう。お手本となる女性リーダーを身近に見つけられないことも、日本女性たちの悩みの一つです。

男性は、女性の服装に違和感を覚えても、どのような言葉でアドバイスをすればいいのか分からず、頭を悩ませます。本来であれば、男性か女性かは問わず、客観的な意見を聞く機会があれば良いのですが、そのような機会を得られないために、多くの人々が自分の服装に悩んでいます。

管理職になった女性も悩んでいます。これまでと同じスタイルではダメなことは分かってはいるものの、無理に男性的なスタイルを取り入れてみると、肩肘張って男性と張り合おうとしているようにしか見えない……一方、女性らしさを大事にしてみると、貫禄《かんろく》や風格が失われる……。

「女性らしさを失わずに、でも風格や貫禄を感じさせたい」——こんな悩みを持つ女性たちが増えてきているようです。そうした彼女たちにイメージコンサルタントとしてアドバイスしたいと思います。

まず、立場が上がっても女性らしさを失わないスタイルを作りたいならば、先述のIMF専務理事、クリスティーヌ・ラガルド氏のスタイルを参考にしましょう。また、エッジの利《き》いたスタイルをしたいなら、イギリスのテリーザ・メイ首相を参考にしてください。

この二人は世界中のファッション雑誌がこぞって特集をするほどのスタイルを持っていま

す。クラシックなのか、クラシックのなかにエッジを利かせるべきなのか、それは業界によっても異なります。自分の業界にふさわしいスタイルを選ぶことこそが大切なのです。

またオーダーメイドに挑戦してみることもお勧めします。エグゼクティブになるくらいの年齢になると、体形の変化も感じていることでしょう。以前と比べ、ヒップや太ももにボリュームが出てきたり、クビレがなくなってきたりして、「既製のスーツだと野暮ったく見えるなあ」と思いはじめた人がいるかもしれません。

そんなとき身体にカチッと合ったテイラードジャケットなら、自然と風格を醸し出します。素材やディテールにこだわるのもいいでしょう。既製服では出せない味を見せることができます。

最近は、女性のスーツのパターンオーダーやフルオーダーメイドも充実しています。リーズナブルな価格帯では、ジャケットが二万円代から、スカートやパンツが一万五〇〇〇円くらいから作ることができます。

一度、自分の身体にぴったりと合ったデザインやサイズ、そして素材を知ってしまえば、あとはそのパターンをもとに変化を加えればいいだけ。小池百合子氏も自分に合ったスーツの型を持ち、色や素材だけを変えてバリエーションを増やしているといいます。時間のないエグゼクティブにとっては効率的なやり方だといえるでしょう。

グローバルキャリアを目指すのであれば、服装を選ぶ基準は、お洒落かどうかではありません。「この洋服（またはアクセサリー）は自分の品格とプロとしての意識を高めてくれるかどうか」が基準になります。これは覚えておいてください。

オバマとトランプの夫人の大違い

オバマ前大統領の妻、ミシェル・オバマ氏は、ジョン・F・ケネディ元大統領の妻、ジャクリーン・ケネディ夫人のように、ファッションアイコンとして絶賛され続けました。ミシェル夫人は、歴代ファーストレディーのなかでも最高の一人とされ、その退任を惜しむ声は、いまでも国内外から聞かれます。

ミシェル夫人はプリンストン大学を卒業したあと、ハーバード大学ロースクールを修了し、ファッション業界とは関係のない法律の世界で活躍してきました。そんな彼女がなぜ八年間ものあいだ、ファッションアイコンとして評価を受け続けることができたのでしょうか――それは、彼女の深い知性や他者を思いやる気持ちが、彼女のスタイルから人々に伝わってきたからではないでしょうか。

ミシェル夫人は、オバマ前大統領が就任した日から、つねにマイノリティの存在に目を向け、マイノリティに人々の注目が行くよう行動してきました。たとえば、これまでのファーストレディーは、公式行事用のドレスをヨーロッパやアメリカのブランドから選ぶのが一般的でした。ところがミシェル夫人は、さまざまな人種の若手デザイナーのものを積極的に選んだのです。

そしてパーティやイベントでは、ドレスを作ってくれたデザイナーを必ず招待し、参加者たちに紹介しました。彼女のこうした活動のおかげで、多くのデザイナーたちが世界中に活躍の場を得たことを、国民はみな知っています。

二〇〇九年の就任式でミシェル夫人が着ていたドレスは、キューバ生まれのアメリカ人デザイナー、イザベル・トレド氏のものでした。そして大統領就任祝賀舞踏会《ぶとうかい》では、台湾生まれの当時二六歳の若手デザイナー、ジェイソン・ウー氏がデザインしたドレスを採用しました。いずれも、まったくの無名ではないものの、多くの人には知られてはいないデザイナーでした。

ミシェル夫人が彼らの洋服を採用したのは、単に彼らの才能に惚《ほ》れてのことだったのかもしれません。しかし彼らの出身地から深読みすれば、政治的なメッセージが込められていたと推測することもできます。聡明な彼女ならば、自分の着るドレスがどれだけ世界から注目されるかは、当然、分かっていたはずです。

その後もインド首脳の夫妻を国賓《こくひん》として迎えた際にはインド出身のデザイナーの洋服を、

キューバを訪れるときにはキューバ出身のデザイナーのものを、中国を訪れるときには中国出身のデザイナーのものを着用しました。なお、二〇一五年に安倍晋三首相を国賓《こくひん》級でもてなした際には、昼間も晩餐会《ばんさんかい》も、日本人デザイナー庄司正《しょうじただし》氏のドレスをまといました。

こうすることで彼女は、相手の国の文化や人々を尊重していることを、さりげなく伝えているのです。そして、それは確かに多くの人に伝わりました。このように彼女は、国際交流のツールとして衣装を見事に使ってきたのです。

アメリカのファーストレディーであるミシェル夫人に衣装を提供できるということは、デザイナーにとって最高の栄誉です。それだけでなく、彼女の知性を感じさせる衣装への向き合い方は、多くのデザイナーに感銘を与え、デザイナーたちはこぞって彼女に衣装を提供してきました。

ドナルド・トランプ大統領の就任式で、国内外のデザイナーから衣装の提供を拒否されたメラニア夫人とは大違いです。元スーパーモデルのメラニア夫人は、選挙期間中から、どのブランドの洋服を着ているのかが注目されましたが、その着こなしが評価されることはほとんどありませんでした。

衣装に関していえば、元スーパーモデルのほうが、はるかに経験値は高いはずです。しかしメラニア夫人のファッションが評価されることがないのは、そこに人々の心を捉える要素が見られないからでしょう。

ミシェル夫人は、多くの国籍の無名のデザイナーたちを採用しただけでなく、ファッションに関するさまざまな革新も起こしました。たとえばミシェル夫人がファーストレディーになるまでは、大統領の夫人がノースリーブで登場することなど許されませんでした。しかし彼女は大胆にも、美しくカッティングされたノースリーブドレスを着て、鍛え上げられた健康的な腕を披露しました（ファーストレディーのポートレイトにも、黒のノースリーブのドレスで収まっています）。

彼女のこれまでの「装い」に深い意図や知性が感じられなければ、ノースリーブ姿は大きな非難の的となったでしょう。実際に一部の人々は威厳や気品に欠けると見ました。

しかしほとんどの人々は、ミシェル夫人が、どのような場に、どのようなタイミングで、何を着ていけば、最も良いかたちで注目を集められるかを熟知した女性であることを知っています。だからこそ、非難するよりも、彼女の判断を尊重する動きが世界中で湧き起こったのでしょう。彼女はこうして一つの革新を起こしたのです。

コラム◆4　ミシェル夫人がエリザベス女王に見せたボディランゲージの結末

二〇〇九年にオバマ大統領夫妻がイギリス女王に謁見《えっけん》した際、ミシェル夫人はエリザベス女王の背中に手を回すという行為を行いました。

握手以外では女王に手を触れてはならないというのがプロトコールの基本です。が、オバマ前大統領夫人は、腕を伸ばして女王をハグしただけでなく、その後も移動の際に再び、女王の背中に手を回したのです。

ミシェル夫人のこの行いは、文化やしきたりを無視した行為として、世界中でネガティブなかたちで報道されました。

ボディランゲージの一つである「接触」は、動物の世界でも人間の世界でも、優位性を示す手段としてよく使われてきました。「相手の身体に先に触れても許される者」「長く触れていても許される者」は、つねに相手よりも上位で、優位性のある立場の者です。

つまり、相手から先に触れられたり、触れ続けられたりすることは、自分が「相手よりも下位の者」だと見られていることを意味します。

この力関係をよく心得ている人は、ビジネスの世界でも政治の世界でも、ボディランゲージを巧みに使った駆け引きを行います。

たとえば握手の際にはいち早く手を差し出し、移動の際には相手の背中や腕に触れ、相手をリードする振る舞いを見せようとします。手を触れる相手だけでなく、その様子を見ている第三者に対しても、自分の優位性や立場の高さを印象づけることができるからです。

政治の世界でもビジネスの世界でも、ボディランゲージはつねに、主導権を握るパワーゲームの一つとして使われてきました。だからこそ、外交の場では特に慎重に行われなければならないのです。

第五章　世界で誤解を呼ぶ日本人の仕草

足音だけで日本人だと分かる理由

欧米人のコミュニティにおいて、日本人のイメージを損なってしまうものに、私たちの「姿勢」と「歩き方」が挙げられます。

日本人は、日本舞踊《ぶよう》や能、あるいは狂言といった伝統芸能で見られるように、和式歩行で足を動かします。和式歩行とは、片方の足を前に出し、地面に接地した足を基に体を前方へ引っ張って動かす歩き方です。

この和式歩行では主に膝下だけを前後に動かすため、足の可動域は少なくなり、歩幅が狭まります。せっかく良い革靴やヒールを履いているにもかかわらず、足幅が狭く、さらには後ろ足を地面に引きずるようにズズズと前に出す日本人の姿を海外で見ると、非常にもったいなく感じます。

日本人は猫背の人が多いため、脚と背をまっすぐにした状態でハイヒールを履ける人が、あまりいません。ですから、身体のバランスを取るため、膝を曲げたまま前足を地面に着地させる女性を多く見かけます。すると、膝が曲がった状態では必要以上に太腿に力が入ってしまうため、一歩一歩が重たくなります。また、このときに猫背になっていると、お尻が後ろに突き出た感じになってしまいます。

ハイヒールで美しく歩くためには、背中をまっすぐにして、膝を曲げずに、片脚を宙に蹴り出して、後ろの脚も曲げずにまっすぐ伸ばすことが大切です。後ろ脚を前へ運ぶ際には（このときだけは後ろの脚の膝が曲がります）、左右の膝同士がこすり合うように出すと、美しく見えるでしょう。

私が以前働いていたニューヨークのイメージコンサルティング会社では、「印象マネジメント」のセミナーを毎月、開催していました。主な対象者は、多国籍のスタッフが在籍するコンサルティング会社や法律事務所などです。

当時の上司たちは、控え室の近くでセミナー参加者たちを観察しながら、「出身によって歩き方が違うから、足音だけでも区別できるようになる」などと、冗談《じょうだん》交じりに話していました。しかし、冷静にその言葉を振り返って考えると、彼らがそのように主張していたのは、歩き方と風土あるいは文化とのあいだには、密接な関係があるからだと思います。

もともと能や狂言などで使われているように、日本人の歩き方は、和服を着たときや和室を歩く場合には最も理にかなった方法です。小股で地面をすべるように片足を前に踏み出して、指の付け根で着地する——このような歩き方は、着物の裾が乱れないようにするには効率的です。

しかし洋服を着た状態では、足の裏を地面にすったような印象になり、だらしなく見えてしまいます。やはり、その国の「装い」と人々の歩き方は、密接かつ合理的に関係しているのです。

着物ショーの白人モデルの滑稽

近年、外国人の女性観光客のあいだで、和装で観光地を巡るプランが大人気です。京都や浅草へ行ってみると、着物を着た外国人女性の姿があちこちで見られます。しかし彼女たちの動作をよく観察してみると、なんだか心地悪そうに歩いています。その理由は、彼女たちの足の筋肉の付き方と、歩幅にあります。

欧米人は、「ハムストリングス」と呼ばれる太腿の裏側にある筋肉群を使って歩くのが、日本人よりも得意です。歩くときにハムストリングスを使うと、バネのように足が伸びるため、一歩一歩が大きくなり、筒のような着物の裾内では、歩幅がうまく合わなくなります。

ウエストあたりから脚が出ているかのように、脚の付け根から、つま先を宙に蹴り上げて進む洋式歩行は、洋服を着ているときには颯爽と見えます。しかし着物を着た女性が、着物の前方を蹴り上げながら歩くと、品がなく見えてしまいます。洋式歩行は、着物を着ているときには適していません。

二〇一六年にニューヨークで行われた着物のファッションショーでは、ランウェイを歩く白人のモデルたちが、皆一様に着物を蹴り上げて歩いていました。せっかく美しい着物を着ているというのに、歩くたびに、着物の裾からモデルさんの脛《すね》と足袋《たび》が見えて、なんとも滑稽《こっけい》でした。また手も大きく振り上げるために、肘《ひじ》から下が露わになってしまいます。もはや、私たちがイメージする着物とは完全に別物になっていたわけです。

つまり、洋装には洋装に合った歩き方が、和装には和装に合った歩き方があるのです。どちらが良い悪いではなく、その日に着る服や靴のスタイルに合わせて、歩き方も自在に変えられるのが理想です。

和式歩行で歩くのが習慣になっている人や、和式歩行と洋式歩行が混じった歩き方になっている人は、これからは、スーツ、ドレス、ワンピースなどを着るときに、以下の五点について気をつけましょう。

①脚の付け根から脚を動かすことを意識しましょう。歩いたときの印象だけでなく、洋服の見え方まで変わるはずです。

②脚を前後に運ぶ際には、毎回、膝裏をしっかりと伸ばしましょう。ベタッと足裏を地面に着けるのではなく、踵《かかと》から地面に着地したあとは、踵から土踏まず、土踏まずから親指と人差し指へと、しっかりと重心を移していくようにしましょう。

③もともと姿勢が良くない人や、身長がさほど高くない人は、堂々とした印象を作るためにも、歩幅をいつもより五センチ大きくとってみましょう。

④日本人の腕の振りは全体的に小さめなので、歩幅を広げるときには、全身運動をしているつもりで腕の振りも広げてみましょう。欧米人に比べて肩が前向きに付いている日本人は、腕を振るときに、前方により大きく振ってしまう傾向があります（最近は、ほとんど腕を振らずに歩く若者も多く見られますが……）。腕の振りは、前後で同じくらいの幅になるよう気をつけましょう。

⑤身体の横で手や腕がだらりと脱力していると、全体が引き締まって見えません。立ち姿勢のときや、歩きながら腕を振るときには、小指が地面にぐっと引っ張られているように伸ばすといいでしょう。小指を意識するだけで、手の動きはいっそう洗練されて見えます。

——この五点を意識するだけで、横から見たときのシルエットが驚くほど変わります。

和式歩行は地面に対して垂直の姿勢で進むため、洋装でこれを行うと体の動きにメリハリが生まれず、平坦に見えてしまいます。しかし洋式歩行にすれば、背中とヒップにかけて美しい自然なS字曲線ができ上がります。この姿勢に加えて、胸を少し前上に突き出すようにすれば、身体が一回り大きく見えて、存在感が大きくなるでしょう。

新しい歩き方は、最初は意識して取り組む必要がありますが、三週間もすれば意識せずとも板に付いてくるでしょう。洋式歩行は全身運動であり、背筋や脚の筋肉も鍛えられて、ダイエット効果もあります。ぜひ一度お試しください。

欧米人はなぜ大きく見えるのか

姿勢が良い人よりも悪い人のほうが多い日本では、歩き方や立ち方に多少歪《ゆが》みがあっても、それほど人の目を引くことはありません。しかし、欧米諸国へ行くと違います。頭の先から足の裏まで一本の線が通っているかのように歩く人が多いなか、背中を丸めた状態で歩く日本人がいると、その前屈みの姿勢は群衆のなかでも、ひときわ目を引いてしまいます。

なぜ、日本人と欧米人とで姿勢に、このような違いがあるのでしょうか？　日本はもともと農耕の歴史が長く、多くの人々は田植えや畑仕事を中心に生活していたからだ、という説があります。

農業に従事する人は、身体を前に丸めて田植えをしたり、鍬《くわ》を使ったりする動きが主になります。そのため、肩の位置が内側に入り、身体の外側よりも内側の筋肉が徐々に発達していったということなのでしょう。日本人が歩くときには、手の振りが前方にばかり行くのも、この肩の形が関係しているのではないかと思われます。

また前かがみの姿勢は、日本の伝統芸能においてもよく見られます。たとえば茶道や香道、華道や書道では、胸や腕を横に広げながら行うよりも、内側に丸め、首を下げながら行う動作が多く見られます。

体重の約一〇%の重量に当たる頭を細い首と狭い肩幅で支えていると、頭の位置が肩よりも前に出ている人がほとんどです。街を行き交うビジネスマンの襟元を見ると、頭が前に垂れている人が多いせいか、襟が浮いてしまっている人をよく見かけます。が、日頃から運動をして背筋を鍛えている人や筋力がまだ衰えていない若者は、頭がそれほど前に出ることはありません。

猫背は、視線を下に向けます。頭が肩の位置よりも前に出れば、その視線はさらに下がります。そのせいで、日本人の姿勢は、遠くから見ても近くから見ても、どこか覇気《はき》がなく、小さく見られてしまうのです。

存在感が出ないのも、身長や体格の問題ではありません。

欧米人は実際の身長に関係なく、身体が大きく見えることがあります。これは骨格や筋肉の付き方の違いも関係していますが、何よりも違うのは、姿勢とその歩き方でしょう。

欧米人は、日本人よりも背中側の筋肉が発達しやすく、肩が後ろのほうに付いています。

また、肩甲骨が引き合うようにして肩が後ろに下がっているため、顎の位置も自然と上がる傾向があります。そのため、目線は上向きになり、堂々とした印象を与えるのです。

人間は本能的に、身体の小さいものよりも大きいものに対して、強い生命力を感じます。よって女性は、身体の小さい男性よりも大きい男性に対して、より魅力を感じる傾向があります。

さまざまな研究でも、身体が大きく見えるものは、動物の世界でも人間の世界でも、無駄な争いに巻き込まれる可能性が低い、というデータが出ています。身体は、小さく見えるよりも、大きく見えることのほうが、得られるメリットは大きいようです。

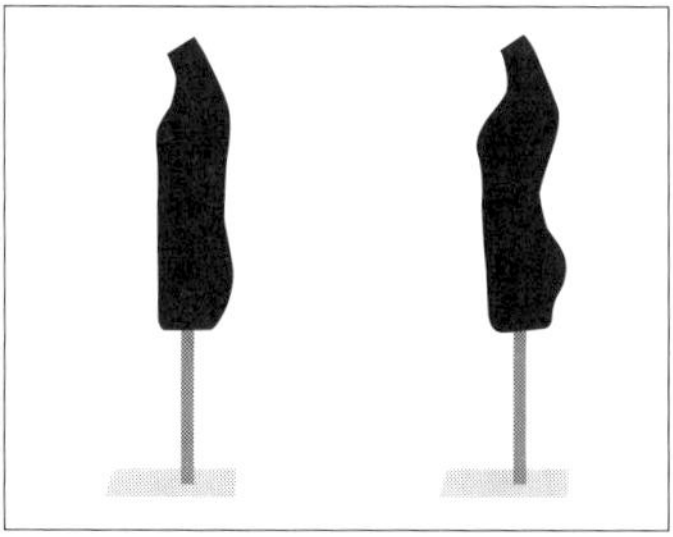
日本人の骨格（左）と欧米人の骨格（右）

でも身体が大きければ、必ず肉体的にも強いかといえば、決してそうではありません。

私はこれまでニューヨークやワシントンに行くたびに、ウォール街や国会議事堂の周辺でさまざまな人々を何千人と観察してきました。そこには、いうまでもなく、身長が高い人もいれば小柄な人も存在します。では、身長の高い人ばかりがひときわ目立つかというと、そんなことはありません。身長が一九〇センチ近くもあるのにひょろひょろとした足取りで歩く人よりも、身長が一六〇センチ台でも力強く堂々と歩く人のほうが、はるかに存在感があります。

ニューヨークやワシントンだけでなく、パリやロンドンでも同じです。世界の各都市、ビジネスや政治が活発に行われているエリアで行き交う人々を観察してみても、大柄でだらだら歩く人よりも、一歩一歩を大きく踏み出し、胸を張って顔を上げながら歩いている小柄な人のほうが、むしろ精悍《せいかん》に見えます。

つまりは、実際の身長よりも、その人の全身から出るパワーや覇気が大切なのです。身長は変えられないにしても、姿勢や歩き方といった身体の使い方をほんの少し意識するだけで、存在感を大きく見せることは可能なのです。

攻撃を誘発する歩き方とは？

「足が重い」「浮き足立つ」など、足に関する慣用句には、その人の気分や性格、あるいは健康状態を表すものが数多く存在します。

ニューヨーク州にあるホフストラ大学のベティ・グレイサー博士は、さまざまな人が一定時間歩く姿をビデオに収めました。そして、それらの映像を犯罪者たちのグループに見せて、「歩行者を襲うならば、どの人を襲いたいと思うか？」と聞く調査を行いました。

その結果、犯罪者たちの多くが「襲いたくなる」と判断した人たちの歩行には、次の特徴があることが分かりました。

①歩幅が極端に狭い、または極端に広い。
②両腕を身体から浮かせて、ぶらつかせながら歩いている。
③脚の動きと手の動きが一致していない。
④不自然な脚の運び方をしている。

犯罪者が思わず襲いたくなるのは、どこか不自然な歩き方をしている人や、思わず手を差し伸べたくなるほど不安定な歩き方をしている人のようです。確かに、アンバランスな歩き方をしている人は健康面での不具合が、極端な動きをしている人からは精神面での不安定さが、何となく伝わってくるものです。

この実験結果のような、両腕を身体から浮かせて歩く人や、脚の動きと手の動きが一致していない人は、実際には滅多《めった》に見かけることはないと思います。だからこそ、そんな歩き方の人が群衆のなかにいると、犯罪者の目に留まりやすく、ターゲットにされてしまうのでしょう。特に、サイコパスの傾向のある人は、このような特徴を持つ人を見つけるのがとても早いことが分かっています。

歩いている人を観察すれば、その人の遺伝的特徴も見ることができます。たとえば頭の形や身体の骨格が左右対称で、バランス良く身体を動かしながら歩く人は、肉体的な強さを見てとることができます。身体が安定して、動きに無駄がないため、容易に攻撃をさせる隙を与えず、被害に遭うことも少なくなります。

外見上の特徴から、相手が自分よりも優位か劣位かを判断するのは、動物と人間の本能でしょう。危害を加えようとしているものは、自分の目の前にいる人々の歩き方や姿勢などを手がかりにして、誰が自分よりも肉体的に強く、誰が弱いのかを、見極めようとしているのです。

日本人は洋式歩行と和式歩行が混じり合っている人も多く、歩き方がアンバランスに見える人が多い。また日頃の生活習慣だけでなく、頭の重量も関係しているからか、肩がどちらか一方だけ下がっていたり、頭が左右どちらかに傾いていたりする人も多数見られます。このような左右の不均衡は、肩こりや腰痛につながるだけでなく、先述の通り、ときには犯罪をも誘発します。余計な犯罪やトラブルに巻き込まれないためにも、日頃からバランスのとれた機敏な動きを意識しましょう。

毅然《きぜん》とした美しい立ち姿は、身を守る役割も果たすのです。

熊本地震の日本人を見て外国人は

通常、私たちは、誰かと会話をするときには相手の顔や表情を見て、その人がいま、どのような感情を抱いているのかを推察しながら、会話を行います。

ところが外国人は、日本人の表情を読み取るのが難しいと、よくいいます。なぜなら日本人は、表情でも本音《ほんね》と建て前を使い分けるからです。

本当は悲しんでいるのに、無理をして笑顔を作る。本当は不快感を抱いているのに、相手の気を悪くさせないために笑みを浮かべる。また、気まずさを覆い隠すように中途半端な笑顔を見せる。このような、本心とは真逆の表情を見せる日本人の感情表出は、「相手の心を慮《おもんぱか》って自分の感情を律しているのだ」と理解されることもありますが、「何とも分かりにくい複雑な国民」と、不可解に思われることもあります。

たとえば、二〇一六（平成二八）年に熊本で起きた地震の直後のことです。当時ニューヨークから日本に遊びに来ていた友人たちとテレビを見ていると、熊本地震の被災者で、家屋が崩壊し、生活の場を失ってしまった人が、笑顔を作りながらインタビューに答える様子が放送されました。友人たちは、「こんなにも困っている状況なのに、なぜ笑顔でインタビューに答えているの？」と、疑問を口にしました。

確かに、銀行やレストランで長いあいだ待たされても、電車が遅延しても、怒《いか》りの表情一つ見せずに、忍耐強く待ち続けるのが日本人です。どのようなときでも冷静で、滅多に表情を変えない日本人の姿は、非常に我慢強い国民だと見られる一方、「本当は何を考えているのか分からない」「話していても、なかなか本音が見えてこない」などといわれることもあります。

日本の文化は長年、社会や集団生活のなかで、秩序を維持することを最も重んじてきました。何か思わぬことが起きても、自分の感情をあからさまに他者に見せることは、恥ずべきことだと考えられています。

また日本人は、社会で円滑に人々と付き合っていくために、自分が本当に感じている感情よりも、周りの人々との関係を良好に保てる感情のほうを優先的に出そうとします。これらは日本人特有の「感情コントロールシステム」といっていいでしょう。日本人は何よりも仲間や組織との融和を大事にして、自分の感情をコントロールするのです。

これが当たり前として育ってきた日本人にとって、外国人の感情表出は、大げさに映るかもしれません。彼らは、嬉しいときには思い切り口を開けて笑い、怒っているときには顔を赤くして顰《しか》め面《つら》をするし、悲しいときには滂沱《ぼうだ》たる涙を流す。そうストレートに感情を出すのが習いだからです。

欧米の人々のあいだには、その軸に、個人主義があります。彼らは、相手に自分の気持ちや怒りを伝えるのは当然のことと考えています。もちろん会社や組織においては、相手との力関係を無視することはできませんが、自分との上下関係を考慮して気持ちを殺すよりも、事実をフェアに伝えることこそ、個人に与えられた権利だと考えます。

周囲の人々との関係を良好に保つためなら自分の気持ちを偽る日本人と、たとえ衝突してでも自分の気持ちを正しく伝える個人主義の国の人々……この異なる考え方から起きる行動の違いは、次項で紹介する二つの見方が加われば、その差異がより著しく浮かび上がってくるでしょう。

日米で異なるストレスの表し方

日本人の感情の見せ方は、その場にいる人との上下関係からも、大きく影響を受けます。日本人には、自分よりも地位が高い人や、今後強く利害関係が絡《から》む人々の前では、怒りなどの否定的な感情は強く抑えられる傾向があります。一方、個人主義の国では、学校だろうが職場だろうが、お互いフェアな立場でものを言い合う文化があります。

ここで、感情の表れ方の違いが顕著に見られた実験を紹介しましょう。

アメリカの心理学者であるポール・エクマン氏とW・V・フリーセン氏は、見る者に強いストレスのかかる映像を、日本人とアメリカ人の被験者に見せました。そして、その映像を見ているときの両者の表情をビデオに収めました。

その結果、日本人は一人で映像を見ているときには、嫌悪や悲しみ、怒りや恐怖といった不快な表情をストレートに出すにもかかわらず、自分よりも社会的立場の高い人が同じ部屋にいる状態で映像を見ると、真顔をずっと維持するか、湧き出るネガティブな感情を微笑みでカバーする傾向があることが分かったのです。

一方でアメリカ人はというと、自分よりも地位が高い人が同席していようがいまいが、浮かべる表情に変化はありませんでした。

日本人は、辛《つら》い、悲しい、怒っているといったネガティブな感情は、極力表情には出さないようにします。むしろ、それらの感情を抱いたときには、真逆のメッセージを放つ笑顔で本音を隠そうとします。特に職場の同僚や上司のように、自分と利害関係にある者同士や、友人や仲間といった身内に近い存在に対しては、この傾向が強まるようです。

場所が変わると態度も変わる日本

アメリカの社会学者W・G・サムナー氏は、集団の閉鎖性や排他性という傾向に着目して、「内集団」と「外集団」という概念を提唱しました。「内集団」とは自分たちが所属する社会組織のことを、「外集団」とは所属しない社会組織を指します。

日本人は、自分の所属するグループや組織（内集団）に対しては、自分が所属しないグループや組織（外集団）よりも、より好意的かつ協力的に行動する傾向が強いといえます。

たとえば、友人や恋人に対してはとても親切なのに、ウェイトレスや駅員に対しては横柄《おうへい》な態度をとる人が、あなたの周りにも少なくないでしょう。また、職場ではものすごく気を遣う人なのに、いったん電車に乗ると周りの人たちに悪態をつくなど、場所が変われば途端に態度が変わったりする人が、日本ではよく見られます。

日本のように仲間との調和を大切にする集団主義の人々は、内集団のなかでは「嬉しい」「楽しい」といったポジティブな感情を積極的に共有しようとするのですが、外集団に対しては、敵意や競争心、あるいは対立感といった、ネガティブな感情を積極的に出すことにためらいがありません。

一方、欧米など個人主義の国々の人々は、日本のパターンとは逆です。彼らは、会社や自分が属するコミュニティ（内集団）のなかでは、ネガティブなこともポジティブなことも積極的にシェアします。しかし外集団に対しては、ネガティブな感情をできるだけコントロールすることで、余計な摩擦を生むことを避け、他者から自分の身を守ろうとするのです。外集団には、むしろポジティブな感情を出そうとするのが、個人主義の人々の特徴です。

これから海外で仕事をする人や、海外からスタッフやゲストを迎える人は、この内集団と外集団への態度の違いを事前にある程度理解しておかないと、思わぬところで誤解や摩擦を生むことがあるかもしれません。

欧米では、良い感情も悪い感情もシェアできる関係こそ、本物の関係だと考えています。ネガティブな感情ばかりを露出する人は、どの国でも敬遠されますが、一面的な感情ばかり見せようとする姿勢もまた、歓迎されません。自分の本音をぐっと抑えて、あまりに良い人ばかりを演じていると、知らぬうちに相手との心の距離が生じる、ということもあり得るのです。

交渉や営業の場では、自分の手の内を明かさないために、本当の感情を悟らせないでおくというのは、一つの戦略になるでしょう。ただし、本当に困っているにもかかわらず無理をして笑顔を作る、大切な人を亡くしたあとでも無理して笑顔を作る……こういう日本人の笑顔は、必ずしもこちらが意図した通りには理解されないということを、頭の片隅に置いておいたほうが良いかもしれません。

日本人は和を尊ぶ文化があるがゆえに、自分の感情を抑える傾向が強くありますが、人生はさまざまな人々と喜怒哀楽の感情を共有するからこそ、味わい深くなります。

心理学の分野では「顔面フィードバック仮説」と呼ばれるものがあります。私たちは感情を通して表情を作るのではなく、作られた表情によって改めて感情を検知する、という理論です。つまりは、表情を抑え過ぎると、感情に対する感度も乏しくなっていくということですから、日本人は特に注意したほうがいいかもしれませんね。

日本は本当におもてなし大国か？

このように、自分が属する内集団に対しては、いろいろと気を配る日本人ですが、外集団に対しては、ときどき思いやりのない態度をとることがあります。

たとえば重たいベビーカーが電車とプラットフォームとの段差に引っかかり、うまく電車に乗せられずに立ち往生している赤ちゃん連れのお母さんがいたとします。欧米ではすぐに手を差し伸べて助けようとする人が現れるでしょうが、日本では、ビジネスマンたちが冷たい視線を投げかけるだけ……そんなシーンが容易に想像できます。

また、電車のチケットの買い方が分からず、販売機の前で右往左往している外国人旅行者の前を、平気で無視して素通りしていく人々の姿もよく見かけます。

明らかに困っている人が目の前にいるのに、なぜ手を差し伸べないのでしょうか？　その理由は、助けたいけれども語学に問題があってためらったのかもしれませんし、単に時間に余裕がなかったのかもしれません。

しかしそのような理由よりも、もっと深いところで、相手と自分とのあいだに利害関係や上下関係がなく、現在もこれからも関係性が発生しないからという考えがあるとしたら、どうでしょうか？

「日本人は丁寧で優しく思いやりがある」と思っている外国人は多いかもしれません。でも実際、日本に来てみると、困っていても見て見ぬ振りをされたり、目が合ってもすぐに目を逸《そ》らされたりする。ぶつかっても謝罪の言葉もない。そんな日本人の態度を見て、ショックを受ける外国人が少なくありません。

二〇一七年になって、某アメリカブランドの本社で、世界各国から集まってきたマネージャーを対象に、日本のサービスのクオリティやおもてなしについて尋ねたところ、「日本人は親切だと聞いていたが、どちらかというと他人に無関心な気がする」「おもてなしを一生懸命しようとしているのは分かるが、やり方が画一的。お客様に合わせて会話したり、個人個人に合わせたおもてなしをしようとしないから、面白みがない」などといった否定的な意見が多く集まりました。

日本人は「おもてなし大国」などと掲げながら、実際におもてなしができているのは、ホテル、レストラン、観光地など、金銭の絡む場所ばかりです。

近年、日本や日本人の素晴らしさを讃える日本礼賛《らいさん》のテレビ番組が次々とヒットしていますが、外国から来た人々が観光施設以外のスポットを訪れたときに感じてしまう疎外感や、日本人の行動に対する違和感は、マスメディアにきちんと取り上げられません。

それでも二〇二〇年のオリンピック・パラリンピック開催に向け、日本が本当の「おもてなし大国」を目指すのであるならば、一部のサービス業の人々だけでなく、私たち一般の人間も、外国人の本音に耳を傾ける必要があるのではないでしょうか。

日本国内では、さほど気にならない行動でも、異なる文化の人から見ると、失礼な習慣や振る舞いに当たることは多々あるものです。次項からは、国内では問題にならないものの、異なる文化の人の前で行うと問題になりやすい世界各国のジェスチャーについて紹介します。

危険な仕草を堂々と行う日本人

国際化が進むにつれ、海外へ留学する人やグローバル展開を行う企業は、ますます増えています。海外でビジネスをしたり大学で勉強をしたりするうえで語学は必須ですが、ネイティブのように言葉を操れなくても、ボディランゲージが意味するものを理解していれば、相手の言葉には表れない気持ちを読みとることが可能になります。

たとえば人の表情の読み方を理解していれば、人種、年齢、性別を問わず、相手がどのような感情を抱いているか、顔の動きからある程度、判断することができます。また、自分が置かれた状況に合わせてボディランゲージをうまく駆使できれば、伝えたいことがいっそう相手に届くようになりますし、双方のコミュニケーションにも深みが生まれます。

一方で、ボディランゲージで気をつけなければならないのは、日本人同士ではまったく問題にならないような些細《ささい》なジェスチャーが、異なる文化や宗教のなかでは、時には命の危険に関わるようなメッセージを放っているという点です。

たとえば一九九二年にジョージ・ブッシュ（父ブッシュ）元大統領がオーストラリアを訪れた際、車のなかから気さくさを示すためにピースサインしたことで、オーストラリア中から非難を浴びたことがありました。このとき、ブッシュ元大統領が見せたのは、掌を自分側に向けたピースサインでした。

ピースサインは、アメリカでは「平和」や「勝利」を意味しますが、オーストラリアでは、掌を自分のほうに向けたとき、アメリカでの中指を立てるポーズと同じ、侮辱の意味を表します。ブッシュ元大統領はその日、市内でアメリカとオーストラリアの異文化理解のさらなる努力を啓蒙《けいもう》するスピーチをしたばかりでした。

掌を内側に向けたこの逆ピースサイン……日本では若い女の子たちが、小顔に見えるからと、写真を撮る際に頻繁に使います。アイドルのＡＫＢ48やタレントのローラなどが、このポーズをしている写真を見たこともあります。しかし、オーストラリアやイギリスなどでこのようなポーズをして写真を撮ったら、不快に思う人たちもいることでしょう。

最近の日本のアイドル、歌手、俳優らは、国内だけでなく、海外にまでファンがいます。世界に目を向けて活動するアイドルや歌手たちは、異なる文化を持つ国外のファンの文化にも十分に配慮した演出が必要となるでしょう。

海外で気をつけるべき八つの仕草

コミュニケーション上の致命的なトラブルを避けるためにも、自分とは異なる文化や宗教を持つ国々のボディランゲージを学ぶことは、国際化の時代を生きる私たちにとって大切なスキルだといえます。

ここからは、海外（または外国人の前）で気をつけなければならない仕草についてご紹介します。

①手招き

日本では掌を下に向けての手招きは「こっちに来て」を意味しますが、アメリカでは、この動作は「あっちにいけ」の意味になります。日米で意味が逆になるので注意が必要。またオーストラリアでは、人差し指だけを上げて下から手招きすると、たいへん侮辱《ぶじょく》的な意味になるので気をつけましょう。

②ピースサイン／逆ピースサイン

前述したようにアメリカでは、「勝利」「平和」「ピース＆ラブ」を意味しますが、ギリシャでは「くたばれ」の意味になります。掌を自分に向けた逆ピースサインは、イギリス、オーストラリア、ニュージーランドでは侮辱の意味を持つので、海外で使う際には場所を選びましょう。

③親指を上げるサイン

親指をあげるサインは、北米では「ＯＫ」「いいね！」の意味になりますが、中東、南米、西アフリカなどの一部では、侮辱の意味になります。

④親指を下げるサイン

親指を下げるサインは、もともとは競技場で「敗者を殺せ！」の意味を持っていました。世界各国で相手を侮辱するジェスチャーなので、絶対にしてはいけません。

⑤人差し指と親指で丸を作るサイン

人差し指と親指で丸を作るサインは、日本ではお金、アメリカでは「ＯＫ」や「いいね！」を意味しますが、ブラジル、スペイン、イタリア、ギリシャ、トルコ、ロシアなどでは、性的な侮辱になります。フランスでやると「ゼロ＝役立たず＝価値がない」という意味になるので、使う場所には注意が必要です。

⑥ストップのサイン

手のひらを相手に向けるジェスチャーは、世界中の多くの国では「ストップ」「十分です」という意味を持ちますが、パキスタンやアフリカの多くのエリア、あるいはギリシャでは、「バカ」などの侮辱的な意味になります。

⑦小指を立てるサイン

小指を立てるサインは、日本では恋人や愛人といったことを意味しますが、中国では意味が大きく異なります。親指が立派な人を示すのに対して、小さい指を立てると「できの悪いもの」を意味し、軽蔑のサインになります。

⑧左手を使う動作

ヒンドゥー教では、左手は不浄の手です。左手での握手や、左手での物の受け渡しは無礼に当たるため、左利きの人は特に気をつけましょう。またインドから東南アジアにかけての多くの国では、子供の頭を手で撫《な》でることは無礼に当たります。頭の上にいる神を押さえつける、または成長を抑えるという意味でとらえられますので、たとえ左手でなかったとしても、安易に頭に触れるのは避けたほうがいいでしょう。

日本人特有の危険な四つの仕草

その他にも、日本人がよくやる仕草で、外国人から見ると面白く映る仕草や危険な仕草を、併せて四つ紹介しましょう。

一つ目は「自分」を示す際に、自分の鼻に人差し指を当てる仕草。欧米では鼻ではなく胸を指すことで「自分」を意味します。由来は諸説ありますが、「顔」で自分を示す日本人と、「胸（心臓）」で自分を指し示す欧米人との違いは興味深いですね。

二つ目は、口に手を当てる仕草。日本では、笑うときに上品に見せようとして、口に手を添える人がいますが、これを「相手を軽蔑《けいべつ》する微笑み」ととらえる国もたくさんあります。また、感嘆の声を発するときや、口に食べ物が入っているときにも、この仕草をする人がいますが、決して美しい仕草とはみなされません。それどころか、人に見られたくないコンプレックスがあるのではと思われるかもしれません。

三つ目は、顔の前で手を振る仕草。日本では「私ではありません」「いいえ」といった意味になりますが、他の国の人々からは「くさい」と解釈されることがあります。うかつに手を振るのは控えましょう。

四つ目はタクシーを止めるときの仕草。レストランでウェイターを呼ぶときやタクシーを止めるときには、手をパーにしてまっすぐ上に伸ばす「挙手」をするのが普通ですが、この仕草はナチス式敬礼やヒトラーの姿を思い起こさせるのです。実際、ドイツの子供たちは幼い頃から絶対にやってはいけないと教わりますし、不快に思う人がいますので、ドイツやその周辺国では気をつけるようにしましょう。ウェイターさんやタクシーなどを呼び止めたいときには、手のひらを挙げる代わりに、人差し指だけ軽く立てて手を挙げると良いでしょう。

河野外相が王毅外相の前で大失敗

ここでは、挨拶の場面で注意することをお話ししましょう。

まず人を待つあいだ手を前に組んでいる人がいますが、国際舞台では「手は前で組むことなかれ」です。股間の前で手を組む仕草は、外交、ビジネス、社交の場では避けるべきポーズとされています。

手を体の前で組むと肩も背中も丸くなりがちです。腕は身体の脇に自然に沿わせて下ろしておきましょう。そのとき指先が広がらないよう注意しましょう。

特に日本のサービス業界では、謙虚につつましく見せるために、臍《へそ》の前辺りで手を組んでお客様を迎えることがありますが、この姿勢は慎ましさではなく、卑屈さととらえる欧米人も少なくありません。

もちろんポーズだけでなく、表情や仕草、あるいは言葉がけがあって、礼儀は示されます。「この姿勢をしておけば大丈夫」というものはなく、臨機応変に対応することが大切です。

日本では挨拶をする際、握手よりもお辞儀が一般的です。ですから外国から日本にいらしたお客様と握手をする際も、軽く頭を下げてお辞儀をしながら握手をしてしまいがちです。この習慣は、時にはよからぬ解釈をされてしまうことがあるので注意が必要です。

たとえば第三次安倍晋三改造内閣において、外相に抜擢《ばってき》された河野太郎《こうのたろう》氏。フィリピンで行われた日中外相会談の際に王毅《おうき》外相に向かってお辞儀をした写真が、中国共産党機関紙「人民日報」系の「環球時報」の一面に掲載されました。深々とお辞儀をしている姿は、まるで相手を敬い服従しているかのような構図に見えます。日本人の礼儀正しさというのは、相手によっては、このようなかたちで国内宣伝に悪用されるケースもあるのです。

小泉純一郎氏も首相だった頃、「挨拶の際には絶対に頭を下げないように」と、秘書官からアドバイスを受けていたそうです。頭を下げるという行為は、相手国に対して頭を下げることと同意味。対等な関係ではないというメッセージを見ている人に与えてしまうのです。

これは、二〇〇二（平成一四）年に北朝鮮の平壌で行った日朝首脳会談の際に、金正日《キムジョンイル》総書

2017年８月８日付の中国共産党機関紙「人民日報」系の「環球時報」。これを日本で報じた「産経ニュース」は、「日中外相会談の写真はお辞儀する河野太郎外相を王毅・中国外相が見下ろしているようにみえる」とする（写真：産経ニュース）

記と握手した際に実践されました。

握手に慣れていない人は、お辞儀だけでなく、ついつい相手の手のほうに目が行ってしまうことがありますが、最初から最後まで相手からアイコンタクトを外さないのがポイントです。

特に欧米人を相手にする場面では、しっかりと目を合わせながら手を握るのがマナーです。相手が男性であろうが女性であろうが同じ。しっかりと手を重ね合わせ、ほどよい力で握るのが理想的です。また、お互いの親指と人差し指のあいだがしっかりと触れ合っていることを確認しましょう。

握る手の力は、相手と同じくらいが基本です。相手が女性だからといって極端に弱い握り方をすると、かえって失礼になるので注意しましょう。

トランプ大統領がよくやるような、相手が痛がるほど力を入れた握手、上からかぶせる握手、下から受けるような握手は、たいへん嫌われますので気をつけましょう。上からかぶせる握手は支配的に見え、下から受ける握手は卑屈《ひくつ》さや相手への迎合《げいごう》を感じさせてしまいます。

また、初対面にもかかわらず、両手で相手の手を握ったり、関係を築けていない段階で、握手をしながら相手の腕や肩に触れたりするのも控えましょう。

代表的な三つのアイコンタクト

アイコンタクトも接触と同様です。より高い地位の者がより長く相手を見つめていい、ということになっています。

アイコンタクトとは、単に相手の目を見るだけではありません。視線が向けられる範囲や、相手の目を見つめる長さにも意識を払わなければ、攻撃的な印象や、嫌らしさなどを感じさせてしまうことがあります。

また、顎を引き寄せ、眉間《みけん》にシワを寄せながら話を聞く、顎を上げて話を聞くなど、こうした視線も、相手に不快感を与えます。

相手の顔を凝視するアイコンタクトや極端に長いアイコンタクトは、見られる側に「威圧的」「自信家」といった印象を与え、相手を居心地悪くさせたり、不安な気持ちにさせたりします。自分が主導権を握り、相手が困惑しないのであれば、一回にとるアイコンタクトの長さは長ければ長いほど良いのですが、一般的には一分間のうち三〇秒ほど目を合わせるように意識しましょう。

ときどき海外のメディアで、日本の政治家が目をつぶりながら答弁を聞いている仕草が面白おかしく取り上げられたりしますが、相手の話を聞くときに目を閉じていると、その話に興味がないという真逆のサインを送ってしまいます。

また、緊張しているときや思考を巡らせているときには、ついつい伏し目がちになったり、まばたきの数が増えてしまったりします。しかし、まばたきは、瞳《ひとみ》を閉じる行為です。見ているほうは、目線が合わない時間が長くなると、次第に視線を外されたときと同様に不安な気持ちになります。まばたきの多さに気づいたときには、できるだけコントロールするようにしましょう。

アイコンタクトは、見るゾーンによっても印象が変わります。目的に合ったアイコンタクトがとれるようになるためにも、まず、代表的なアイコンタクトを三つご紹介しましょう。

最初に「ビジネスゲイズ」です。ビジネスゲイズとは、相手の両目と額を結ぶゾーンに向けたアイコンタクト。ビジネスゲイズで相手を見ると、目つきが鋭く見えます。このアイコンタクトは、相手を説得したいとき、相手よりも優位な立場に立ちたいときに効果的な方法です。

二番目は「ソーシャルゲイズ」。両目と口を結ぶゾーンに向けたアイコンタクトです。見る側に見られていることを意識させず、自然な印象を与えるアイコンタクトですので、相手を問わず、誰に対しても使うことができます。

三番目は「インタミットゲイズ」です。相手の両目と胸元を結ぶゾーンに向けたアイコンタクト。目線が下がり、目の印象が和《やわ》らぎます。相手と親密な雰囲気を作りたいときや、自分に対して警戒心を抱いている相手を安心させたいときに効果的です。ただし、男性が女性に対してこのゾーンを見つめ過ぎると、嫌らしく感じられることもありますので、注意してください。

アイコンタクトに関しては、つねにこのゾーンで見ていれば良いというものはありません。基本的には「ソーシャルゲイズ」が幅広いシーンで用いることができますが、相手との関係や話の内容、目的に合わせて、この三つのアイコンタクトゾーンを使い分けることが理想的です。

コラム◆5　ユニクロの優れた体験サービス

ユニクロが、二〇一七年から、子供向けの体験型サービスとして「MY FIRST OUTFIT」(予約制)を開始しました。これは、幼稚園児から小学生を対象とした、自分の洋服を選ぶ体験のできるサービスです。

この体験では、初めに店員から、子供が店内でやってはいけないことについて説明を受けます。そのあと店舗にある洋服のなかから、自分で好きな洋服を選び出し、組み合わせを考え、親の前で披露するというもの。この間、子供の付き添いで来ている親は、一切サポートを行いません。

子供は自分で洋服を選び出し、それらを試着室へ持っていって、一枚一枚を試着。着心地や見栄《みば》えなどを確認したあと、最後に「これが自分らしいスタイル！」と思うコーディネートを作って、親に披露するわけです。

そのコーディネートを見た親たちからは、「まさか自分の子供がこんなものを好きだとは思わなかった」「こんなにも発想力があるとは知らなかった」「いつも着せている服とはぜんぜん違う雰囲気！」実は、こうなりたいという姿を、親が勝手に押し殺していたのかも……」などといった驚きの声が上がりました。

子供が描いた絵には、その筆使いや色使いに、その子の性格や個性が表れるといいますが、子供が自ら選んだ洋服の色やデザインには、その子の個性や、なりたい姿がはっきりと表れます。その個性を大切にしながらも、そこにTPOに関する情報や、クオリティや価格に関するアドバイスを付け加えることこそが、親の本来やるべきサポートではないかと思います。

小さなうちは何でも気分で衝動的に選ぶから、自分で選ぶ力などないと思い込むのも早計です。実は子供は、三歳の頃からはっきりとした好みが表れ、そこにはちゃんとした意思が存在するものなのです。

読者の方々のなかには、「うちは買い物へ行くときには、いつも子供を一緒に連れていって、子供の意思を尊重しています」という人もいるでしょう。しかし、子供が選んだものを本当に購入しているかというと、さりげなく自分が着せたいものへと誘導している人もいるのではないでしょうか？

一日に一二時間近く身に着ける洋服は、子供の身体の一部となります。どのように自分を装うかは、その子の人格形成やセルフイメージに大きな影響を及ぼしますし、自分で選んだものを着て褒《ほ》められれば、当然、その子の自尊心は高まります。主体的に意図を持って選んだものを着るのか、親が勝手に選んできたものを着るのかによっても、自己肯定力や自尊心に大きな影響を及ぼすのです。

ファッションデザイナーのココ・シャネルはかつて、「着るものを選ぶということは、生き方を選ぶということだ」と表現しましたが、これはまさに、幼少期から始まっているのです。

また「好き」と「似合う」が必ずしも一致しないことや、同じ色のなかにも「自分にいちばん似合うトーン」と「苦手なトーンがある」ということを学ばせておくのも、幼少期の服育では大切なステップです。

たとえば、子供が青色が好きだったとします。ただ、青という色のカテゴリーのなかにも、いちばん似合う青と苦手な青が存在するわけです。そこで、たまたま似合わないタイプの青を子供が選んでしまったとき、親が「あなたには青は似合わない！」と断言したとしましょう。すると、その子は大人になるまでずっと、「自分は青が似合わない人間だ」と思い込んでしまうのです。

ファッションは「自分に似合わない」と思うアイテムが多ければ多いほど、苦手意識が強まるもの。「これは似合う！　似合わない！」と狭い範囲で断定するのではなく、「青のなかでも、もっと似合う青があるかもしれないね、探してみようよ」と、選択肢を広げていければば、子供の「装い」に対する好奇心のレベルも上がっていくでしょう。

ときには真っ赤で過激なデザインのTシャツを選ぶこともあるかもしれません。「こんな派手な格好をさせては、子供が悪目立ちするのではないか」と、取り越し苦労をする必要はありません。数多くの失敗を経験させて、「これを着ていると何か違和感がある」「これは恥ずかしい」と、間違いに早めに気づかせる、それが幼少期には大切なのではないでしょうか。

その時期は、失敗してもまだ許される早い時期。その点では、ユニクロの新サービスは、非常に面白いと思います。今後このようなサービスが常設され、全国で展開されれば、親も一緒に服育を積極的に楽しめるのではないでしょうか。

第六章　国際基準の自己演出術

ジョブズのように自分を演出する

私たちの脳は、常に視界に入ってくるものの情報を集めようとしています。たとえわずか数秒の出来事であっても、目に入ったものの情報を分析し、意味付けをしています。

たとえば、プラットフォームで目の前を横切る男性や、電車で自分の前の席に腰を下ろした女性。道ですれ違った人々、パーティで自分の近くに立つ人物、あるいはセミナーで自分の隣に座ってきた人。その人たちに対して、第一印象から、何をしている人なのか、どのような性格の人なのかを、瞬時に判断しているのです。

無意識に感じとっているのは、「この人とは距離が近づいても安全か？」「好感が持てるか？」「信頼できるか？」といったことで、その判断の手掛かりにするのが、相手の顔や体形、そして「装い」や「仕草」です。

あなたの髪型は、どのようなメッセージを伝えているでしょうか？　あなたの顔は、どのような印象を人に与えるでしょうか？　あなたの体形から、人々はどのようなことを連想するでしょうか？

鏡の前に立って、一度、ご自身の姿を客観的に観察してみてください。そして自分にとっての理想の姿、あるべき姿はどのような姿なのかを問いかけてみてください。その姿と現在の自分の姿のあいだには、どのようなギャップがあるでしょうか？　何を、どう変化させていきたいですか？　見た目がどのように変われば、最高の気分で一日を過ごすことができるでしょうか？

そして毎日、家を出る前に、今日の服装は何を表しているのかを問いかけてみてください。そのスーツが物語っているのは「成功」でしょうか？「それとも競争からの脱落」でしょうか？「揺るぎない自信」でしょうか？　それとも「不安」でしょうか？

私たち人間はいつも、お互いにジャッジし合って生きているわけですから、当然、あなたも周囲の人から「どのような人間か？」と、勝手に判断されています。誤った判断をされないためには、どんな色や素材の洋服を、どのように身に着けるかを主体的に決めなければなりません。

「いつか昇進したら……」「もう少し痩せたら……」といった言い訳を自分にするのではなく、今日が人生最後の日になっても後悔のないような出で立ちで、出掛けてほしいと思います。

スティーブ・ジョブズの言葉を借りるのであれば、「もし今日が自分の人生最後の日だとしたら、今日の洋服は、本当に私が着るべき洋服だろうか？」です。

ぜひ、ジョブズのように、自分を見事に演出する人になってください。

体形に合うスーツで雰囲気作りも

人の体形も、見る側にその人の性格を勝手にイメージさせます。たとえば、肉付きの良いふっくらした体形の人は、寛容で人当たりが良い、近づきやすいといった印象を与える反面、怠惰で不健康、自分に甘いといったネガティブな印象も与えます。

引き締まった体に戻すのは、それなりに時間と努力を要するものです。すぐに印象を変えたいならば、身振り手振りといった仕草をシャープにして、ボディランゲージからキレる印象を演出していかなければならないでしょう。

肩幅が広くヒップが引き締まった逆三角形型で筋肉質な人は、ストイックで精力的、そして積極的かつエネルギッシュで大胆に見える反面、とっ付きにくさやナルシシズムを感じさせます。あまりに筋肉質過ぎると、知性からは懸け離れた印象に見えますので、仕草を少し抑制し、声のトーンを抑え、言葉も慎重に選びながら、落ち着きと成熟さを演出すると良いでしょう。

また細身で体が直線的な人は、真面目で理知的に見える一方、神経質で心配性、そして内向的にも見えます。仕草を少し大きめにすることを心がけ、表情を豊かにすることで、温かみや自信を醸し出すことが可能になります。

一般的に考えると、ふっくら体形の人にはゆったりとしたアメリカンスタイルが、逆三角形型の人には体のラインが美しいイタリアンスタイルが、すらっとした体形の人には正統派のブリティッシュスタイルが似合うような気がしますが、スーツは体形補正の役目も果たしますし、それぞれのスタイルで与える印象も変わってきます。

たとえばブリティッシュは、きちっと威厳のある雰囲気を作ってくれます。一方のアメリカンはリラックスした雰囲気を、イタリアンはセクシーで大胆で行動的な印象を与えてくれます。

自分の体形を踏まえたうえで、単に体形に合ったものというだけではなく、どのように見せたいかをベースに、ショップの人やテイラーさんと具体的に相談してみると良いでしょう。

自分自身をより魅力的に見せるためには、まず自分の顔立ちや体形が、どのような第一印象を与えやすいのかを理解しましょう。そして、自分の立場に求められる印象とは何かを明確にします。

そのうえで、自分のどの部分をどのように変えるべきか、ゴールまでのステップを明確に定めていきます。できるだけ自分を客観的に見るためにも、第三者からイメージを分析してもらうと良いでしょう。

ポートレイト写真は二種類が必要

私たちがある写真を見たときに、その人の印象を決めるまでには、わずか〇・〇四秒しかかからず、そのとき一度形成された印象は、その後もほとんど変わりません。

プリンストン大学社会認知社会神経科学研究所（Social Cognition and Social Neuroscience Laboratory）のアレキサンダー・トドロフ博士が行った研究によると、同じ人物でも、顔の見え方や表情の作り方によって印象が大きく変わることが分かっています。

たとえば、両方の瞳がしっかりと出ている人は良い印象を与えますが、目の一部が髪の毛で覆《おお》われていたり、影で覆われていたりすると、自信がなく能力も低いと評価されます。

フェイスラインがはっきりと見えている人は、顔の一部を髪の毛などで隠している人より魅力的で、能力や自信があるように見えます。また、無表情や中途半端な笑顔よりも、歯をしっかりと見せながら微笑《ほほえ》む笑顔は、魅力度、能力度、自信度のすべての評価を上げます。

日本人の上場企業のCEOらの写真を見ると、多くの方が口をぎゅっと閉じたまま、写真に収まっています。なかには呼吸が止まっているかのような緊張感が伝わる写真を、会社のウェブサイトに掲載している人もいます。

本当に良いポートレイトは、その表情や佇《たたず》まいから、その人の人間性が感じられるものです。無表情よりも笑顔のほうが人間性をより表に出してくれます。このとき口だけで微笑もうとすると、目元に動きがなく、不自然に感じられてしまいます。目が細くならない程度に、目元から微笑むことを意識しましょう。

顔は、真正面からよりも、少し角度を付けた位置からのほうが、その人らしさがより伝わります。

人の顔は左右非対称で、反転させるとまったく異なる雰囲気の顔になります。顔の左右それぞれのサイドが、どのような印象を与えるかを理解したうえで、顔や肩の向きを決めると良いでしょう。特に大きな差がない場合は、正面から見たときに、軽く右上を向いているほうが、「明るく前向き」「積極的」「可能性に満ちている」というようなポジティブな印象を与えることができます。

ポートレイト撮影をする際には、こうしたことに注意しながら、キリッと引き締まった表情と、歯を見せた笑顔の表情、その二つのパターンを撮影し、目的に合わせて使い分けられるようにしておくと良いでしょう。

麻生太郎の首相に対する心配り

次に、立つときの姿勢について話しましょう。まず、両脚をしっかりと地面に着けて左右対称に立つと、安定感が出て、堂々とした印象になります。

麻生太郎氏が、どんな外交の場でも堂々として見えるのは、この立ち方のおかげです。麻生氏の場合、立つ際には両脚の間隔を広げ、足先を逆ハの字にし、若干、胸を上向きにして立っています。椅子に座る際は、肘置きをうまく使い、肘を開くことでパーソナルスペースを広げ、より堂々とした佇まいを印象付けています。歩く際も、歩幅を通常よりも広くとり、腕の動きや笑顔なども普段より大げさにしています。

麻生氏の振る舞いは、日本人は存在感がない、表情がないなどという印象を大きく覆してくれます。これは、麻生氏が、どのような場所ではどのように振る舞えば他者の目にどう映るか、それをよく心得ているからでしょう。

麻生氏の行動には、とにかくメリハリがあります。イギリスのウィリアム王子らロイヤルファミリーの前では、他国の大統領や首相らの前で振る舞うときよりも動きを抑制していますが、決して小さくまとまるようなことはありません。体の動きを抑制しながらも、威厳《いげん》を保ち続けています。

麻生氏とは反対の例として、一九六〇年の大統領選挙でのリチャード・ニクソンのエピソードが挙げられます。ニクソンは、対立候補のケネディとのテレビ討論で、せわしなく体の向きを変え、答弁しながら脚の位置を前後左右に変えるといった姿を視聴者にさらしました。これを見た多くの視聴者は、ニクソンの心の乱れや気持ちの余裕のなさを感じとって、支持をケネディへ変えたといいます。

片脚どちらかに体重をかけ、体の軸が不安定だと、肉体的にも精神的にも不安定で頼りない様子に見えます。人を指導する立場にある人や、自信を持って何かを伝えたいというときには、脚をしっかりと垂直に伸ばし、地面に固定させるべきです。両脚の位置を頻繁に変えたり、身体の重心をグラグラさせたりしながら話をする癖のある人は、気をつけましょう。

表情も同様。髪で目の一部を覆い隠したり、フェイスラインを隠したりする髪型は、ミステリアスな雰囲気を醸し出しますが、誠実さからは遠のきます。額とフェイスラインは知性を表す部分になりますので、距離感を作りたくない場合は見せるように心掛けましょう。

顔の表情も、左右対称に動かすように心掛けるべきです。表情と心の動きは密接につながっています。たとえば、感嘆や笑顔や恐怖といった瞬発的に現れる表情の多くは、表情筋が左右対称に動きます。一方で、あざけりや猜疑心《さいぎしん》を抱いているときには、人の表情は左右非対称に作られます。

ポジティブな印象を与えたいときには、日頃から顔の筋肉を左右対称に動かすことを意識しなければなりません。もともと顔に歪みがある人は、自分の顔の特徴を把握しておいたほうがいいでしょう。

麻生氏は普段、かなりの強面《こわもて》であるにもかかわらず、マンツーマンでのコミュニケーションになると、目尻にくしゃっと笑いジワを作り、とびきりの笑顔を見せます。このギャップに心をつかまれる要人も少なくはないはずです。

また、海外で要人たちと接触する際には、国内以上に表情が豊かになります。日本人は表情が乏しいなどとよくいわれてきましたが、相手国の標準に合わせて表出レベルを使い分けているのでしょう。

さまざまな表情のなかでも、笑顔はコミュニケーションの円滑剤となります。しかし、誰に対しても、いつでも笑顔というのも良くありません。相手に媚《こ》びているように見えるため、自信のなさを印象付け、自分の立場を弱めてしまうからです。

親しくない人には距離感を作って威厳を保ち、親しくしたい人にはさりげないボディタッチとジョークで距離を縮め、笑顔を見せる。そうすることで、麻生氏は、自分の笑顔の価値を高めているのでしょう。

また麻生氏は、安倍首相が答弁に立つたびに、帰ってきた首相がそのままストンと椅子に腰掛けやすいよう、椅子の向きを変えてあげています。そうした自然な気遣いを当然のようにできるところも心憎いのですが、こうすることで周囲にどんな印象を与えているかを、スマートな麻生氏ならば、計算しているのではないでしょうか。

身体の向きや角度で印象を変える

身体の向きや角度によっても印象は大きく変わります。人はもともと、自分が興味を持っているものや好きなものの方向に身体を向けたり、近づく姿勢をとったりする傾向があります。したがって、自分の身体の正面を相手にまっすぐ向けると、相手に興味や好意を持っていることを自然なかたちで示すことができます。また身を乗り出すことで、相手への関心を積極的に伝えることができます。

それとは逆に、人が恐れや不安を感じているときに後ずさりをするように、ネガティブな感情を抱くものに対しては、身体を引き離す姿勢をとります。ですから、身体の向きを正面から逸らせたりすると、相手（または相手が話していること）に対して関心がない、拒絶している、という印象を与えてしまいます。

これまで前傾していた姿勢が、ある話題になった途端に後傾した場合、その話題について何らかのネガティブな感情を抱いている可能性があります。または、その話題に興味がないことを示している可能性もあります。

意図的に使うのであれば、相手（または相手の話）に対して無関心や拒絶といった態度を示したいときには、身体を後ろに引き、顔を背《そむ》けるといいでしょう。逆に、相手に関心を持っていることを分かりやすく伝えるためには、自分の姿勢を少し前傾させ、その人の方向へ顔や足先を傾けると効果的です。

トランプの仕草が発するシグナル

次に、普段、何気《なにげ》なくやってしまう仕草について。女性よりも男性に多く見られますが、手をポケットのなかに入れたまま話をしたり、テーブルの下の膝の上に手を置いて話をしたりする人を見かけることがあります。

人間の脳は、ほんのわずかな人の手の動きに対しても敏感に反応するようになっています。これは、手が攻撃の起点となることが多いからです。手を相手の見える場所に置くというのは信頼の証しになりますので、できるだけ相手の視界のなかに置きましょう。特に信頼を得たい相手ならば、これは絶対の条件です。

ここで想像してみてください。

「あなたのことを心の底から信頼していますよ」というメッセージを、手を後ろに組んだ状態と、手を胸元から広げた状態でいわれたとします。どちらが本当に信頼できるでしょうか？　手を隠して話されると、不安にさせられるだけでなく、何か隠し事をしているのではないかという印象を抱きませんか、ピストルを隠しているとか……。

ですからコミュニケーションをとる際には、手を組んだり、手をテーブルの下に隠したりせず、できるだけ相手の視界に入る場所に置くことが大切です。また、会話を始める際に身体を相手側に向けず、顔だけを向ける仕草も、相手のことをあまり大切に思っていないという印象を与えてしまいますので、ぜひ気をつけてください。

トランプ大統領がよく見せる、上から押さえつけるような仕草や、こぶしを振る仕草は、攻撃的かつ威圧的に見えます。トランプ氏の演説を見ていると、なんだか胸がざわつく気がしませんか？　こうした印象は、その音声を聴かなくても変わりません。なぜなら彼の演説には、嫌悪や軽蔑といったボディランゲージが含まれているからです。私たちは、それらのシグナルを、無意識に受けとっています。

上から押さえつける仕草や、こぶしを振る仕草は、攻撃するつもりがなくても、熱くなるとついついやってしまいがちです。経験のある人は、気をつけるようにしましょう。ペンや指で人を指差す仕草も同様に、攻撃的に捉えられますので、注意が必要です。

大統領や首相も学ぶ握手の仕方

トランプ大統領といえば、ボーンクラッシュ（骨砕き）と呼ばれる、相手の手の骨を砕くような握手をすることで有名です。安倍首相がこの握手を経験し、思わず手を引っ込めて痛そうな表情を見せたことがありました。このときの写真は、世界中に配信されました。

一般的に、握手の際、相手の手を下から受けるように手を差し出す人は、受け身の人や相手に迎合《げいごう》するタイプです。実はトランプ氏は、最初は下から受けるように手を差し出すのですが、いったん相手に油断をさせておきながら、いざ握るときになって、相手の手の骨が砕け散りそうになるほど強く握り締めます。

この意表をつく握り方は、一度経験するとトラウマになるほどです。どれだけ握手に慣れている首相たちでさえ、顔を歪めます。このような威圧的な握手をする人は、反抗的で攻撃的な人間という印象を与えますし、一般社会では、いうまでもなく最も嫌われるタイプです。

掌を上に向けて差し出す人は、相手に迎合していると受け取られますが、逆に掌を下にして相手の手を握る人は、相手をコントロールしたいというタイプです。いずれもお勧めできません。一般的には、地面と垂直かつ相手の掌と平行に手を差し出し、相手と同じ力で握り返すのが基本だと覚えてください。

日本で挨拶といえば、握手よりもまだ、お辞儀のほうが一般的です。握手に慣れていない人は、海外から日本に来たお客様と握手をする際にも、へっぴり腰になったり、頭を下げながら握手をしたりしてしまいがちです（安倍首相の昭恵《あきえ》夫人は、諸外国でも、まさに握手をしながら頭を下げるスタイルで挨拶をしています……）。

しかし、日本人のお辞儀の姿勢は、「相手に頭を下げている＝自分のほうが低い立場にある」というメッセージを与えてしまうので、注意が必要です。

外交や国際的なビジネスの場では頭を下げず、しっかりと相手と目を合わせながら手を握るようにしましょう。先述した河野太郎外相は、さっそく中国の新聞に取り上げられてしまったくらいなのですから。

また、握手に慣れていない人はついつい、これから握る相手の手に注目してしまいますが、最初から最後まで相手から目を外さないのがポイントです。

手を握っているあいだは、お互いの親指と人差し指のあいだがしっかりと触れ合っていることを確認しましょう。そして、握るときに込める力の大きさは、相手と同じくらいが基本。前にも述べましたが、相手が女性だからといって極端に弱い握り方をすると、かえって失礼になるので、注意しましょう。

私がワシントンで出会った大統領の秘書官たちは、「握手ひとつで、その人の自信と教養のレベルが分かる」と断言します。ゆえに世界では、大統領や首相でさえ、握手のトレーニングを受けています。国際舞台では、握手がそれだけ重要な意味を持つということを、ぜひ覚えておいてください。

コラム◆6　美智子妃とクリントンとオバマの共通点

華やかな笑顔を振りまき、本人は魅力的な自分を演出しているつもりでも、別れた直後に相手の記憶からすぐに消されてしまうタイプの人がいます。また、どれだけ時代からもてはやされ、権力を持っている人でも、実際に会ってみると、「人間味のない人」「冷たい人」といった印象だけを残す人もいます。

そのような人たちに共通しているのは、「関心のベクトルが、相手よりも自分のほうを向いている」ということ。身体は相手と正対しているものの、気持ちは自分自身や相手以外のものに向いているために、視線が泳いでいたり、笑顔や会話が上辺《うわべ》だけのものだったり……明らかに、相手よりも他に大切なものがあるということを潜在的に感じさせてしまう人たちです。

逆に、その人がどんな服装や振る舞いをしていたかは具体的に思い出せなくても、一生忘れられない余韻を心に残していく人たちもいます。アメリカのカリスマとリーダーシップの研究者オリビア・フォックス氏によると、人々に影響を与えるカリスマ性を持つためには、「影響力」「存在感」「誠意」の三つの要素が必要であり、このなかでも意識してコントロールすることが難しい「誠意」を相手に伝える振る舞いができるかどうかによって、「ただパワーがあるだけの人」と思われるか、「自分にとって特別な存在」になるかが決まるといいます。

私がニューヨークに住んでいた頃、その三つ目の「誠意」を見事に示し、圧倒的なカリスマ性がたびたび話題に上《のぼ》っていた人物が、元米大統領のビル・クリントン氏とバラク・オバマ氏の二人です。

プライベートでクリントン氏と食事をしたことのある友人いわく、初対面だったにもかかわらず、会場で顔を合わせた瞬間に、口角《こうかく》と目尻を互いにぐっと引き寄せ、まるでようやく長年の親友との再会を果たせたかのような親しみを込めて肩をハグ（抱擁《ほうよう》）してきたとのこと。出会ってから五分後には、まるで彼がクリントン氏の特別な家族の一員にでもなったかのように錯覚《さっかく》してしまうほど自然に心の距離が縮み、その関心は最後まで途切れることがなく、一貫して思いやりのある態度を示し続けてくれたといいます。

クリントン氏は、私の友人に対してだけ特別な態度をとったわけではありません。食事中、他の同席者らが話しているあいだも平等に彼らに目を向け、一人一人としっかりアイコンタクトをとり続けていたのです。

また二〇〇八年、選挙キャンペーン中のオバマ前米大統領と偶然出会う機会を得た同僚のイメージコンサルタントは、「彼から名前を尋ねられ、呼んでもらえた瞬間から、自分が世界で最も尊い人間であるかのように感じた」と興奮して話していました。同様に、オバマ氏と直接会ったことがある投資家は、「周りにどれだけ人がいても、まるでこの世には彼と自分以外は存在しないのではないかと思えるほど、目の前の人物に集中してくれた」といっていました。

日米の文化の架け橋としても活動している、その投資家は、これまでの功績が讃《たた》えられ、日本では美智子妃《みちこひ》にも謁見《えっけん》しているのですが、その際も同様の感覚を味わったといいます。

わずか数秒の接触であれ、相手にそのように感じさせるコミュニケーション能力……これこそが、究極の自己演出力なのだと思います。

「国際基準の自己演出術」という言葉だけを見ると、「自分を格好よく作り上げる術」のような印象を与えがちですが、自己演出とは、他の人がやらない特別なことをやる、という意味ではありません。一緒にいる相手が、警戒心を抱かず心地良くいられること、それを目指すのです。

そして、自分が周りの人々の考えや価値観を大切にしているということが、自然に伝わる「装い」と「仕草」——これを、いつでもさりげなくできることが、真の自己演出だと思います。

おわりに——個人で世界と渡り合うための「装い」と「仕草」

豊かな自然と伝統文化、世界最先端の科学技術、そしてアニメやキャラクターを中心にしたサブカルチャー……戦後の日本は、世界に向けてさまざまな魅力を発信し、「ジャパンブランド」を築き上げてきました。

しかし経済面では、長期のデフレから抜け出すことができなかったため、二〇一六年に「フォーブス」誌が発表した「世界で最も影響力のある人物」では、第二九位にトヨタ自動車の豊田章男《とよだあきお》氏、五三位にソフトバンクグループの孫正義氏が選ばれたのみでした。

政治面はもっと深刻かもしれません。同じく「フォーブス」誌のランキングでは、日本の政治家で選ばれたのは三七位の安倍首相の一人。ちなみにランキングの一位はロシアのプーチン大統領、二位がアメリカのトランプ大統領、三位がドイツのメルケル首相、四位が中国の習近平総書記、イギリスのメイ首相は一三位でした。

これからの私たちは、あまり日本の政治や経済、あるいはブランドの力を過信するのではなく、もっと個の力で世界と勝負していかなければならないのかもしれません。ただ個人で世界中の人々と対等に渡り合っていくためには、その人間の魅力が必要です――。

人は、その人の顔や姿を見た瞬間、無意識のうちに人となりを見抜いてしまいます。私たちは、人に見られた瞬間に「reliability（信頼性）」と「likability（好意性）」の両方を感じさせないといけない。そのための「装い」や「仕草」が完成されていなければならないのです。この本では、そのために必要なことを書かせていただきました。

一歩、国の外に出れば、自国の文化や価値観とは異なる多様な文化が、多様な価値観が、この世界には広がっています。世界の人々は、この多様な世界で、余計な摩擦や誤解を生じさせず、穏便《おんびん》に望ましい方向に物事を進めるため、守るべきルールを築き上げてきました。あるべき「装い」や品格のある「仕草」というものを、一つ一つ積み上げてきたのです。

こうした、世界中で長年培われてきた伝統やルールを大切に守り、しっかりと個人の考えを発信できる、そんな日本人が、これからは求められているのではないでしょうか。

この本が、そうした人間が日本に生まれてくるささやかな一助になれたとしたら、望外の幸せです。

二〇一八年一月

安積陽子《あさかようこ》

安積陽子

アメリカ・シカゴに生まれる。ニューヨーク州立大学イメージコンサルティング科を卒業後、アメリカの政治・経済・外交の中枢機能が集中するワシントンDCで非言語コミュニケーションを学び、世界のエリートたちが政治やビジネスのあらゆる場面で非言語コミュニケーションを駆使している事実を知る。2005年からニューヨークのImage Resource Center of New York社で、エグゼクティブ、政治家、女優、モデル、起業家を対象に自己演出に関するトレーニングを開始。2009年に帰国し、Image Resource Center of New Yorkの日本校代表に就任。2016年、一般社団法人国際ボディランゲージ協会を設立。非言語コミュニケーションの研修やコンサルティング等を行う。

講談社＋α新書 785-1 D

NY《ニューヨーク》とワシントンのアメリカ人《じん》がクスリと笑《わら》う日本人《にほんじん》の洋服《ようふく》と仕草《しぐさ》

安積陽子《あさかようこ》

2018年1月18日第1刷発行
2018年3月 1 日第6刷発行

発行者―――鈴木 哲
発行所―――株式会社 講談社
東京都文京区音羽2-12-21 〒112-8001
電話 編集(03)5395-3522
販売(03)5395-4415
業務(03)5395-3615

カバー帯写真―――朝日新聞社／ゲッティ イメージズ
デザイン―――鈴木成一デザイン室
カバー印刷―――共同印刷株式会社
印刷―――慶昌堂印刷株式会社
製本―――牧製本印刷株式会社
本文組版―――朝日メディアインターナショナル株式会社

定価はカバーに表示してあります。

落丁本・乱丁本は購入書店名を明記のうえ、小社業務あてにお送りください。

送料は小社負担にてお取り替えします。

なお、この本の内容についてのお問い合わせは第一事業局企画部「＋α新書」あてにお願いいたします。

Printed in Japan
ISBN978-4-06-291519-9

講談社+α新書

タイトル	サブタイトル	著者	内容	価格	番号
世界一の会議	ダボス会議の秘密	齋藤ウィリアム浩幸	なぜダボス会議は世界中から注目されるのか? ダボスから見えてくる世界の潮流と緊急課題	840円	752-1 C
欧州危機と反グローバリズム	破綻と分断の現場を歩く	星野眞三雄	英国EU離脱とトランプ現象に共通するものは何か? EU26カ国を取材した記者の緊急報告	840円	753-1 C
儒教に支配された中国人と韓国人の悲劇		ケント・ギルバート	「私はアメリカ人だから断言できる!! と中国・韓国人は全く別物だ」——警告の書	860円	754-1 C
日本人だけが知らない砂漠のグローバル大国UAE		加茂佳彦	なぜ世界のビジネスマン、投資家、技術者はUAEに向かうのか? 答えはオイルマネー以外にあった!	840円	756-1 C
金正恩の核が北朝鮮を滅ぼす日		牧野愛博	格段に上がった脅威レベル、荒廃する社会。危険過ぎる隣人を裸にする、ソウル支局長の報告	860円	757-1 C
おどろきの金沢		秋元雄史	なぜ、金沢旦那衆の遊びっぷり。よそ者が10年住んでわかった、本当の魅力	860円	758-1 C
「ミヤネ屋」の秘密	大阪発の報道番組が全国人気になった理由	春川正明	なぜ、関西ローカルの報道番組が全国区人気になったのか。その躍進の秘訣を明らかにする	840円	759-1 C
一生モノの英語力を身につけるたったひとつの学習法		澤井康佑	伝統対現代のバトル、鉄板の学習法を紹介。「英語の達人」たちもこの道を通ってきた。読解から作文、会話まで。	840円	760-1 C
茨城 vs. 群馬	北関東死闘編	全国都道府県調査隊 編	都道府県魅力度調査で毎年、熾烈な最下位争いを繰りひろげてきた両者がついに激突する!	780円	761-1 C
ポピュリズムと欧州動乱	フランスはEU崩壊の引き金を引くのか	国末憲人	ポピュリズムの行方とは。反EUとロシアとの連携。ルペンの台頭が示すフランスと欧州の変質	860円	763-1 C
脂肪と疲労をためるジェットコースター血糖の恐怖	人生が変わる一週間断糖プログラム	麻生れいみ	ねむけ、だるさ、肥満は「血糖値乱高下」が諸悪の根源! 寿命も延びる血糖値ゆるやか食事法	840円	764-1 B

表示価格はすべて本体価格(税別)です。本体価格は変更することがあります